Monika Specht-Tomann
Wenn Kinder Angst haben

Monika Specht-Tomann

Wenn Kinder Angst haben

Wie wir helfen können

Patmos

Bibliografische Information der Deutschen Nationalbibliothek

Die Deutsche Nationalbibliothek verzeichnet diese Publikation
in der Deutschen Nationalbibliografie; detaillierte bibliografische Daten
sind im Internet über http://dnb.d-nb.de abrufbar.

Umschlagmotiv: © Catherine Ledner / stone / getty images
Umschlaggestaltung: init · Büro für Gestaltung, Bielefeld
Printed in Germany
ISBN 978-3-491-40106-8
www.patmos.de

Inhalt

Für meine Kinder:
Felix, Lilli, Hanna, Rita

Einführung

Viele Erwachsene haben eine Grundsehnsucht, Kinder von den dunklen Seiten des Lebens fernhalten zu wollen. Doch auch wenn es ihnen ein großes Anliegen ist, ihren Kindern ein möglichst angstfreies Leben zu ermöglichen, so wird es immer wieder Situationen geben, die mit unangenehmen Gefühlen und ängstlichen Reaktionen verbunden sind. Jede gesunde Entwicklung von Kindern durchläuft verschiedene Stationen, in denen potenzielle Gefahren lauern. Manche Übergänge von einem bestimmten Lebensabschnitt in einen anderen gehen nicht so glatt über die Bühne, wie es in Lehrbüchern steht oder von wohlmeinenden Verwandten erwartet wird. Wo Leben ist, da geht's hoch her – das gilt ganz besonders für das Leben mit Kindern: Die ersten Kindheitsjahre sind prall gefüllt mit Wachsen, Veränderung, Neuorientierung, Neugestaltung und Umbruch. Mit rasantem Tempo werden Dinge gelernt, erweitert und neu eingeordnet. Das erfordert von Eltern und Erziehern hohe Flexibilität und die Fähigkeit, selbst wieder mit den Augen der Kinder sehen zu lernen und ein Stück in ihren Schuhen zu laufen.

Dieses Hineinschlüpfen in die Situation der Kinder bringt einem die Kinderwelt wieder ein Stück näher und macht sie begreifbarer. Mit einem Mal öffnen sich schon längst verschlossene Türen und alte Melodien klingen ans Ohr: Kinderfreud' und Kinderleid sind mit einem Mal nicht mehr fremd, sie werden wichtig und können auf ganz besondere Weise ernst genommen werden. Die Öffnung der Erwachsenen hin zu den kleinen und großen Freuden der Kinder, aber auch zu deren Fragen, Sorgen und Ängsten schafft Vertrauen. Manchmal kann das aber auch zu einer gewissen Verunsicherung auf Seiten der Eltern und Begleiter führen. Die meisten Menschen macht es sehr betroffen, wenn sie auf existenzielle Kinderfragen keine Antwort wissen oder wenn sie angesichts der Tragik von Geschehnissen selbst verstummen.

Und so kommt es dann, dass sich sehr viele Eltern und Menschen, denen Kinder anvertraut sind, in der Konfrontation mit kindlichen Nöten und Ängsten hilflos und überfordert fühlen. Das ist etwas durchaus Verständliches und kommt sehr oft vor. Es ist schmerzhaft, mit ansehen zu müssen, wie schnell sich Unbeschwertheit und Lachen in Bedrücktheit und Tränen verwandeln kann – manchmal scheinbar grundlos wie aus heiterem Himmel, dann wieder mit gutem Grund und durchaus nachvollziehbar. Es tut weh, Kinder stolpern zu sehen und die Steine nicht von ihrem Lebensweg wegräumen zu können. Und manchmal ist man selbst den Tränen so nahe angesichts von Problemen, Elend, Schwierigkeiten und einer Welt, in der man sich nicht immer leicht zurechtfindet.

In der Auseinandersetzung mit Ängsten und Nöten von Kindern kommen Erwachsene dann oft an die eigenen Grenzen: die Grenzen der Geduld, der Zeit, des Verstehens und nicht zuletzt die Grenzen der eigenen Belastbarkeit. Es ist mitunter bedrückend, sich eingestehen zu müssen, dass man selbst ratlos ist und nicht weiß, wie man mit den eigenen Gefühlen und Gedanken umgehen soll. Dies gilt ganz besonders im Zusammenhang mit negativen Ereignissen, mit tiefgreifenden seelischen Erschütterungen oder mit Berichten über Katastrophen aller Art. Es verunsichert, wenn beispielsweise Krankheit, Tod und Trauer ihre Schatten werfen. Es verunsichert, wenn immer neue Schreckensmeldungen über Bildschirm und Äther in die eigenen vier Wände dringen und zunehmend auch zum Gesprächsthema von Kindern werden. So viele Fragen tauchen auf – und bleiben in den meisten Fällen unbeantwortet.

Das alles bedeutet jedoch nicht, dass es keine Möglichkeiten gibt, Kindern hilfreich zur Seite zu stehen – im Gegenteil: Das vorliegende Buch gibt Eltern eine Übersicht zu unterschiedlichsten Angstbereichen, die in jedem Kinderleben vorkommen oder vorkommen können. Es soll Mut machen, der kindlichen Angst zu begegnen und kindgerechte Bewältigungsmöglichkeiten nach dem Motto: »Angstbewältigung statt Angstverdrängung« zu finden.

Im ersten Teil des Buches geht es darum, die Welt der Kinder genauer anzusehen, dem Sinn der Angst nachzuspüren, typische Kinderängste im Verlauf der Entwicklung anzusprechen und Kinder selbst mit ihren Erfahrungen und Erlebnissen zu Wort kommen zu lassen. Alle Personennamen, auch in den Fallbeispielen, wurden anonymisiert.

Im zweiten Teil werden spezielle Situationen dargestellt, die Kinderseelen belasten. Dabei steht das Thema Trennung und Abschied auf unterschiedlichste Art und Weise im Mittelpunkt. Zunächst geht es um alltägliche Situationen – wie beispielsweise den Übergang vom Tag zur Nacht oder erste Schritte weg von der vertrauten Welt zu Hause –, die einem Kind Angst machen können und die es gemeinsam zu bewältigen gilt. Dann werden Fragen rund um Krankheit, Sterben und Tod sowie das Thema Scheidung aufgegriffen und hinsichtlich möglicher kindlicher Angstreaktionen besprochen. Schließlich werden unterschiedliche, häufig mit Angst verbundene Situationen von Kindergarten- und Grundschulkindern beleuchtet. Zum Abschluss kommen jene Ängste zur Sprache, die im Zusammenhang mit Eindrücken von Katastrophenmeldungen stehen. Neben Beispielen aus dem Kinderalltag werden konkrete Impulse und Hilfestellungen angeboten, die den Eltern und anderen Erwachsenen, die Kinder begleiten und betreuen, erste Orientierungsmöglichkeiten geben können. Unter der Überschrift »Was Kinder trägt – Liebe geben und Geborgenheit vermitteln« wird schließlich auf die spezielle Herausforderung eingegangen, die in einer guten Begleitung von Kindern liegt. Es werden jene Elemente dargestellt, die dazu beitragen, Kindern eine tragfähige Basis anzubieten, auf die sie in Krisenzeiten – in Zeiten der Angst – zurückgreifen können und die ihnen Halt gibt.

Das Buch wendet sich in erster Linie an Eltern und nahe Familienangehörige. Darüber hinaus bietet es Kindergärtnerinnen, Pädagogen und Lehrerinnen zahlreiche Hinweise für einen sinnvollen Umgang mit kindlichen Ängsten.

Teil 1: Kinderängste verstehen

1. »Gute« Angst und »schlechte« Angst: Vom Sinn der Angst

Jeder Mensch hat Angst

Angst begleitet uns von der Geburt bis zum Tod. Manchmal tritt sie ganz offen zu Tage, dann wieder bahnt sie sich im Verborgenen ihren Weg und wird nur indirekt sichtbar. Sie schützt uns vor körperlichen und seelischen Verletzungen, schafft nötige Anreize für Veränderung und Neuorientierung und hilft uns, mehr oder weniger unbeschadet durchs Leben zu gehen.

Ein gesundes Maß an Angst macht es beispielsweise möglich, in neuen Situationen innezuhalten, sich auf seine Stärken zu besinnen und sich nicht völlig wahllos allen Eindrücken auszusetzen. Ein gesundes Maß an Angst kann uns wachrütteln und achtsamer werden lassen. Manchmal zeigt sich die Angst allerdings auch von einer ganz anderen Seite. Dann kann sie das Selbstvertrauen mindern und lässt den Glauben an die eigene Stärke, Gelassenheit und Zuversicht schwinden. Angst kann also zum Motor von Entwicklung und persönlicher Entfaltung werden – sie kann aber auch Entwicklung verhindern und persönliche Entfaltung unmöglich machen. Das gilt für Erwachsene ebenso wie für Kinder.

Ein gewisses Ausmaß an Angst ist für jeden Menschen wichtig, doch stellt sich die Frage: Wie viel Angst braucht der Mensch? Wann kann man von einer wichtigen, schützenden, positiven Kraft sprechen – einer »guten« Angst – und wann kehrt sich diese Kraft ins Negative, verhindert gesundes seelisches Wachstum, behindert die Menschen, führt sie in die innere und äußere Einsamkeit und wird zu einer »schlechten« Angst?

Wenngleich das Thema Angst jedem auf die eine oder andere Weise vertraut und bekannt ist und Angsterlebnisse sich nur zu oft als bleibende Erinnerungen einprägen, tauchen angesichts vieler scheinbarer Widersprüche und Probleme bei der Angstbewältigung immer wieder Fragen auf: Was ist Angst denn eigentlich wirklich? Wie entsteht sie? Wie äußert sie sich? Wie kann man am besten mit der Angst zurechtkommen?

Grundsätzlich handelt es sich bei der Angst um ein Reaktionsmuster des Organismus, das biologisch verankert ist. Seine Funktion liegt darin, das »System Mensch« vor unterschiedlichen Bedrohungen zu warnen. Es stellt sowohl bei allen Säugetieren als auch beim Menschen einen wichtigen Bestandteil in der Auseinandersetzung mit den Anforderungen des Lebens dar und kommt dann zum Einsatz, wenn Situationen als bedrohlich und gefährlich eingeschätzt werden und keine geeignet erscheinenden Möglichkeiten zur Verfügung stehen, diese zu bewältigen. Die Angst lässt sich demnach auch als biologisches, seelisches und soziales Warnsystem begreifen, das immer dann aktiviert wird, wenn unser Körper, unsere Seele oder wichtige soziale Bezüge in Gefahr sind. Der Ort, an dem diese Reaktionen ausgelöst und gesteuert werden, liegt in einem sehr alten Teil des Nervensystems. Hier ist gleichsam die Schaltzentrale für die Gefühlsregung Angst. Während die Angstreaktionen beim Tier instinktiv gesteuert werden und sich in Bruchteilen von Sekunden entscheidet, ob beispielsweise der Gegner angegriffen oder die Flucht angetreten wird, laufen diese Prozesse beim Menschen viel differenzierter ab und sind nicht nur an instinktiv verankerte Verhaltensmuster gebunden. Bis zu einem gewissen Grad können wir uns also entscheiden, ob wir Angst haben »wollen« oder nicht, d. h. wir haben eine ganze Palette an Möglichkeiten, mit diesem Grundgefühl umzugehen.

Die menschliche Angst ist weit davon entfernt, nach einem Schwarz-Weiß-Muster zu agieren. Sie zeigt sich in vielen schillernden Gewändern und kann sich hinter verschiedenen Masken verbergen. Das macht es auch im Einzelfall so schwierig, die Angst von Menschen im Allgemeinen und von Kindern im Speziellen zu verstehen. Ganz unterschiedliche Ereignisse, Erfahrungen und Erlebnisse können dazu führen, dass sich Menschen fürchten und Angst haben. Da ist beispielsweise an die Fülle von äußeren Bedrohungen zu denken, denen wir immer wieder ausgesetzt sind und deren äußerste Steigerungen so gewaltige Ereignisse wie Umwelt- und Naturkatastrophen sind. Im persönlichen Bereich gibt es vielfältige Formen von Verlust und Trennung, Erfahrungen von Krankheit und damit verbundenen Veränderungen, Behinderungen oder Todesfällen, die Angst machen. Doch nicht immer sind die Auslöser für ängstliche Gefühle oder panische Empfindungen in beobachtbaren Ereignissen zu suchen. Die eigenen Gedanken und Vorstellungen können innere Bilder entwickeln, die häufig mindestens genauso bedrohlich sind wie die konkreten Fotoaufnahmen von eingestürzten Häusern oder entgleisten Zügen in den Fernsehnachrichten. Diese ängstlich getönte innere Erlebniswelt kann in Angstfantasien oder Angstträumen zur subjektiven Wirklichkeit werden.

Da Angst speziell dann auftritt, wenn eine Situation unklar und hinsichtlich ihrer Gefährlichkeit nicht eindeutig einzuschätzen ist, sind viele Lebensabschnitte potenziell Angst auslösend. Die einzelnen Entwicklungsschritte, die wir alle von der Kindheit über die Jugend, das Erwachsenwerden bis hin zum Alter gehen müssen, sind immer mit einer Fülle von Veränderungen verbunden. Ein Grundthema ist dabei das Loslassen, das Abschiednehmen und der Mut, den nächsten Schritt in eine noch unbekannte Zukunft zu wagen. Das macht Angst – verlangt aber auch nach einem gewissen »Mut zur Angst«, um mit den Entwicklungsaufgaben klar zu kommen. Lebensübergänge und Wendepunkte in der eigenen Lebensgeschichte, in denen Veränderungen den Menschen aus seiner gewohnten und Sicherheit gebenden Bahn werfen, können ebenso Angst auslösen, wie die vielen Veränderungen des Körpers über die Jahre hin oder hormonelle Umstellungen sowie Krankheiten und die Sorge über deren Folgen. Letztlich beunruhigt den Menschen die Angst und die Furcht, an Körper, Geist und Seele nicht unversehrt zu bleiben. Dies kann zu einer intensiven Auseinandersetzung mit den Grundwerten des eigenen Lebens führen und eine tiefere Sinnsuche einleiten.

Wesentliche Auslöser für Angst:

- von außen einwirkende Bedrohungen,
- bedrohlich wirkende Vorstellungen, Fantasien und innere Bilder,
- körperliche Veränderungen (entwicklungs-, krankheits-, hormon- und stoffwechselbedingt),
- Veränderungen der Persönlichkeit (Wachstum, Differenzierung, Reifung).

Verschiedene Anzeichen für Angst

Wie kann man an sich oder bei anderen erkennen, dass Angst im Spiel ist? Schaut man auf das Wort »Angst« und verfolgt man die Spuren der Wortbedeutung bis hin zu seinen indogermanischen oder lateinischen Wurzeln – »anghu«, »angustia« –, wird vor allem die körperliche Ebene des Angsterlebens angesprochen. »Anghu« und »angustia« bedeuten »Enge«. Und es ist sehr oft diese Enge im Bereich des Brustkorbs, die uns in angstbesetzten Situationen zu schaffen macht. Mit einem Mal schnürt sich die Kehle zu, man hat das Gefühl, nicht mehr schlucken zu können; auch das Atmen wird schwer: Es bleibt einem die Luft weg! Die Veränderung in der Atmung vom Stocken bis hin zu sehr flachen Atemmustern ist ganz typisch in Situationen, die einem Menschen Schrecken, Furcht oder Angst einjagen. Doch dieses körperliche Zeichen ist nicht das einzige. Das menschliche Nervensystem stellt eine ganze Reihe von Reaktionen zur Verfügung, die zunächst dazu dienen sollen, Gefahrensignale als solche zu erkennen und darauf reagieren zu können: Der Blutdruck steigt, die Pupillen sind geweitet, der Puls rast, die Nackenhaare sträuben sich, man bekommt eine Gänsehaut und bricht in Schweiß aus, die Muskelspannung steigt und ein leises Zittern macht sich bemerkbar. Gefühle wie Hunger oder Durst versiegen, man bekommt einen trockenen Mund und kann keinen Bissen hinunterbekommen. Der ganze Körper wird in einen unangenehm erlebten Erregungszustand versetzt, der das Signal zum »Kampf« oder zur »Flucht« auslösen soll. Dies ist die körperliche Seite von Angstreaktionen.

Im seelischen Bereich bewirkt Angst ebenfalls einen Zustand erhöhter Erregung. Während bei geringem Angstpegel eine manchmal auch als lustvoll erlebte Steigerung der inneren Spannung zu beobachten ist, in der Wachsamkeit und Konzentrationsfähigkeit steigen, führen drastischere oder lang anhaltende Angstzustände zum Zusammenbruch der seelischen Kräfte. Die hohe seelische Spannung wirkt sich lähmend auf die Konzentration, das Denken und Handeln der Betroffenen aus. Häufig kommt es dann zu einer Art Negativspirale, wenn das Gefühl der Hilflosigkeit den Glauben an die eigenen Fähigkeiten und Fertigkeiten untergräbt und das Selbstvertrauen schwächt. So kann beispielsweise ein Mensch aus lauter Angst vor einer Prüfungssituation sich immer weniger konzentrieren, wobei die Wahrnehmung der schwindenden Fähigkeiten, klaren Kopf zu bewahren und sich auf die Situation einstellen zu können, selbst wiederum Panik auslöst und das Karussell negativer Gefühle beschleunigt. Schließlich kann das so weit führen, dass man sich nichts mehr zutraut, alles an andere abgeben möchte und in eine Situation angespannter Dauerängstlichkeit hineinschlittert, in der man vor lauter Angst überhaupt nicht mehr weiterweiß. Auch hier hat sich die »gute« Angst in eine »schlechte« Angst verwandelt und ihre Funktion als schützendes Warnsystem verloren.

Es ist nicht immer einfach, die Zeichen der Angst zu erkennen. Leicht ist es dann, wenn die körperlichen Begleiterscheinungen nicht zu übersehen sind. Wenn wir beispielsweise einem in Schweiß gebadeten Menschen begegnen, der heftig zittert und uns mit angstverzerrtem Gesicht anstarrt, dann liegt es nahe, an Angst, Furcht, Schrecken und Panik zu denken. Schwieriger wird es schon, wenn die seelischen Begleiterscheinungen von Angst in den Hintergrund rücken und von vielen anderen Gefühlen und Verhaltensweisen überlagert und geprägt werden. Am schwierigsten ist es jedoch, wenn sich die Angst hinter körperlichen Beschwerden versteckt – man spricht dann von psychosomatischen Reaktionsweisen. Seelische Zustände von Angst und Unsicherheit können sich z. B. in Bauchschmerzen, Atemnot, Appetitstörungen oder nächtlichem Einnässen niederschlagen. Das bedeutet nicht, dass jedes Bauchweh, jeder »Stich« in der Brustgegend oder jede Appetitschwankung als Zeichen von Angst gedeutet werden darf. Halten diese Zustände jedoch über längere Zeit an und sind körperliche Ursachen weitgehend auszuschließen, dann sollte an Angst als Auslöser der Beschwerden gedacht werden.

Ebenen der Angst:
- körperliche Ebene (z. B. Zittern, Herzklopfen, Muskelanspannung, flache Atmung, Erregungszustand),
- kognitive Ebene (z. B. Gedanken, Bewertungen, Situationseinschätzungen, Erwartungen),
- Verhaltensebene (z. B. motorische Reaktionen wie Fliehen oder Kämpfen),
- Gefühlsebene (z. B. Hilflosigkeit, Ungewissheit, Haltverlust, Aktivierung angstverwandter Gefühle).

Angstsymbole

Was löst Angst aus? Situationen, Menschen, Gegenstände, Orte, Landschaften, Stimmen, Tiere – dies und noch viel mehr kann Angst auslösen. Nicht immer und nicht bei allen Menschen. Warum hat das eine Kind vor Hunden Angst, ein anderes vor dem Besuch bei der Tante und ein drittes scheint sich nicht einmal vor dem »Teufel« zu fürchten? Warum reagieren wir manchmal auf traurige Botschaften ruhig und gelassen, ein anderes Mal geraten wir bei ähnlichen Nachrichten fast in Panik? Allgemeingültige Antworten wird man darauf nicht finden können. So viel ist nur klar: Das Erleben von Angst hat immer mit Erfahrungen – individuellen oder kollektiven – zu tun und mit Erinnerungen an diese Erfahrungen. Oft werden diese Erinnerungen noch durch die Fantasie erweitert, ergänzt oder verzerrt. Neue Situationen und Konfrontationen werden immer auf dem Hintergrund schon gemachter Erfahrungen nach möglichen Anzeichen von Gefahr abgesucht. So bergen neue, noch nie da gewesene Erlebnisse für Menschen immer auch ein hohes Maß an Angst in sich – dies wird im Zusammenleben mit Kindern besonders deutlich. Neues, Fremdes und Unbekanntes muss erst vorsichtig abgetastet und ausgelotet werden, dabei spielen »Urreize« wie bestimmte Körperumrisse oder situative Merkmale der Enge, Höhe oder Unbegrenztheit eine Rolle.

In Bezug auf die sogenannten kollektiven Erfahrungen sind bestimmte Schlüsselmerkmale wesentlich, die uns Menschen das Gefühl von Sicherheit und Geborgenheit oder aber von Bedrohung und Gefahr vermitteln. Es sind bestimmte Symbole, die seit Menschengedenken für Angst stehen und die in ihrer Symbolsprache Botschaften an uns vermitteln. Die kollektiven Angstsymbole machen sehr deutlich, dass in jeder kleinen Angst auch eine Spur jener großen Angst aller Menschen vor dem Tod steckt. Die Angst vor dem Tod kann so groß sein, dass sie wie ein lähmendes Gift durch die Gedanken und Gefühle der Menschen zieht und zu einer Angst vor dem Leben führt. Welche Angstsymbole kann man auch als kollektive Angstsymbole sehen? Die meisten Arbeiten zu Menschheitssymbolen stehen in der Tradition der psychoanalytischen Schulen – allen voran der Arbeiten von S. Freud (1856–1939) und C. G. Jung (1875–1961).

Aus der Fülle von Angstsymbolen hier ein paar Beispiele:

Kaum ein Tier löst so heftige Reaktionen aus wie Schlangen – auch wenn sie keine Giftschlangen sind, ja selbst wenn es sich um harmlose Blindschleichen handelt, die gar keine Schlangen sind. Auf der Verstandesebene wird oft mit der Gefährlichkeit ihres tödlichen Bisses argumentiert. Doch das, was im Innersten unserer Seele Angst auslöst, das ist die Symbolkraft der Schlange, die uns an das Totenreich, an die letzte uns allen bevorstehende Wandlung hin zum Tod mahnt. Als Sinnbild des Lebens steht sie für Erneuerung und »Häutung«, als Symbol des Todes steht sie für Verwandlung. In dieser Verbindung zwischen »Tiefstem«, im Staub Kriechendem, und »Höchstem«, sich aus der Enge der eigenen Begrenztheit Befreiendem, liegt das Besondere, das in allen Kulturen und allen Generationen Bewunderung, aber auch Furcht ausgelöst, zu künstlerischem Schaffen angeregt und intellektuelle Anregung geliefert hat.

Auch die Dunkelheit – ob nun in Form der Nacht oder von dunklen Gewässern – steht mit der Angst vor dem Tod in Verbindung. Die Undurchsichtigkeit der Nacht symbolisiert alles Unheimliche, Nicht-Durchschaubare und Fremde. Die Schwärze der Nacht steht stellvertretend für unsere Schattenseite, für das Dunkle in uns selbst, vor dem wir Angst haben und das wir lieber nicht so genau ansehen wollen. Hinter dem Schleier der Dunkelheit kann vieles von uns selbst und von anderen verborgen sein aber auch verborgen werden.

Schließlich sei noch das Symbol der Höhe genannt, das ebenfalls mit der Unsicherheit des Lebens zu tun hat, einem Leben, das über Erfolgs- und Glücksmomente schlussendlich doch in den Abgrund, in den eigenen Tod führt. Dieser drohende, durch nichts und niemanden aufzuhaltende Sturz ins Bodenlose, ins Unbekannte des Todes symbolisiert die Höhe – die uns fasziniert, abstößt und uns immer wieder deutlich vor Augen führt, wie wichtig es ist, gut verwurzelt im Leben zu stehen.

Typische Angstsymbole sind:

- Schlangen
- Dunkelheit
- Höhe

Abbildung 1: Ein Gesicht der Angst

2. Vom Säugling zum Schulkind:
Ängste im Verlauf der Entwicklung

Im Leben von Kindern und im Zusammenleben mit Kindern spielen ganz verschiedene Ängste eine Rolle. Sie hängen zum einen mit dem Alter der Kinder und dem jeweiligen Entwicklungsstand zusammen, zum anderen sind sie immer auch Ausdruck ganz persönlicher Wahrnehmungen der Umwelt und der gelebten Beziehungen. Die Angst von Kindern kann ganz unterschiedliche Formen annehmen und ist nicht immer auf den ersten Blick auch tatsächlich als Angst zu verstehen. Und so sind auch die Fragen, die Eltern beschäftigen, sehr verschieden:

- »Warum weint mein Kind immer, wenn ich aus dem Haus gehe?«
- »Warum fürchtet sich Anna vor dem Nachbarjungen?«
- »Wie kommt es, dass Daniel einfach nicht einschlafen kann?«
- »Was soll ich nur machen, Maja will nicht im Kindergarten bleiben?«
- »Hans ist nicht vom Fernseher wegzubekommen und dann kommt er jede Nacht weinend in unser Bett …?«
- »Katrin hängt wie eine Klette an mir, seit Oma gestorben ist – was soll ich nur tun?«

Eltern wollen Antworten auf die vielen Fragen haben, die im Laufe des Heranwachsens ihrer Kinder entstehen. Und sie wollen Unterstützung, Rat und Beistand. Für viele Mütter und Väter ist es ist belastend und stimmt sie selbst traurig, dass sie ihren Kindern kein Leben ohne Angst bieten können. Manche fühlen sich schuldig, haben ein schlechtes Gewissen oder fühlen sich in ihrer Elternrolle als Versager. Das belastet ihre Beziehung zu den Kindern, aber auch ihr Verhältnis zueinander. Manchmal wird es den einen oder anderen hilfreichen Tipp, die eine oder andere wegweisende Einsicht im Umgang mit kindlichen Ängsten geben – doch bei allen Bemühungen, sein Kind gut ins Leben zu begleiten, muss man sich im Klaren sein, dass es ein Leben ohne Angst nicht gibt und auch nicht geben soll. Im vorangehenden Kapitel wurde bereits dargestellt, dass die Angst einerseits eine wichtige Schutzfunktion hat, andererseits auch zu einem entscheidenden Motor in der Entwicklung des Kindes – und der Erwachsenen – werden kann. Dies wird besonders deutlich, wenn man auf die Anfänge kindlichen Lebens schaut und beobachtet, wie sich das Gefühl Angst bei einem kleinen Kind zeigt, welche Formen es annimmt und in welchen Zusammenhängen es sich zeigt. Nicht zu vergessen sind auch die Reaktionen der begleitenden Erwachsenen, die dazu beitragen können, dass sich das Gefühl Angst in eine Kraft verwandelt, die immer häufiger zum Motor für positive Veränderung und Neuorientierung wird und gleichzeitig ihre angemessene Rolle als warnendes Signal beibehalten kann.

Das Unbehagen des Säuglings als Vorläufer der Angst

Macht man sich auf die Suche nach den Anfängen der Angst im Leben eines kleinen Kindes, muss man weit zurückgehen und sich die Situation eines Neugeborenen vor Augen halten. Wenn die Kinder geboren werden, dann sind sie ganz auf die Hilfe von Menschen angewiesen, die sie betreuen und für sie sorgen. Sie brauchen Liebe, Zuwendung, Geborgenheit und die Sicherheit, dass ihre Bedürfnisse wahrgenommen und gestillt werden. Anstelle der Nabelschnur, die für eine optimale Versorgung des Kindes in der Gebärmutter zuständig war, muss das Band der Liebe zwischen Mutter und Kind treten, das nach und nach durch die Beziehung zum Vater und anderen Menschen erweitert, ergänzt und bereichert wird. Der Körper des kleinen Kindes ist ganz auf »Aufnahme« gerichtet, und die konkrete Umwelt stellt mit Geräuschen, Licht, Temperatur und Düften eine einzigartige Erfahrungsquelle dar. Alle Signale aus der Umwelt kommen als Reize beim Kind an und müssen verarbeitet werden. Zuständig für die Verarbeitung ist das Nervensystem des Kindes, das durch die Fülle an Eindrücken viel zu tun bekommt und dadurch in seiner Entwicklung auch angeregt wird. Es ist nicht leicht für so einen kleinen und an die Bedingungen des Lebens außerhalb des schützenden Mutterleibes noch wenig gewöhnten Organismus, mit der Fülle an Eindrücken und Informationen richtig umzugehen: da ist es plötzlich laut und ein kalter Windhauch streift die Haut, dann wieder hallen schrille Töne durch den Raum und Nässe löst unangenehme Gefühle aus …

In den ersten Wochen ist das Kind noch gleichsam eingehüllt in einen Schutzmantel, der es vor allzu großer Überreizung bewahrt.

Nach und nach wird dieser passive Schutz abgelöst durch Möglichkeiten des Kindes, sich selbst vor Überreizung zu schützen – etwa ab dem dritten Monat dreht es in diesem Fall schon seinen Kopf zur Seite, wird quengelig oder ist besonders anlehnungsbedürftig. Gerade in den Zeiten des Übergangs von einem passiven zu einem aktiven Schutz gegenüber den Reizen aus der Umgebung ist es wichtig, alle Anregungen gut auf die Fähigkeiten des Kindes abzustimmen und selbst Ruhe zu vermitteln. Auch körperliche Nähe tut gut. Die Reizvielfalt ist für ein kleines Kind sehr groß, und nicht immer gelingt es den einzelnen Systemen des kindlichen Organismus, alles zu verarbeiten. Wenn dies der Fall ist, dann kann kurzfristig kein Ausgleich zwischen Erregung und notweniger Dämpfung stattfinden und die Erregung nimmt überhand. Es ist in diesem Zusammenhang noch nicht von Angst zu sprechen, die das kleine Kind erfährt, doch viele Empfindungen sind deutlich negativ gefärbt und mit Unbehagen verbunden. Die enge Bindung an Menschen, die das Kind beruhigen und ihm Gelegenheit geben, selbst das Ausmaß an Anregung und Stimulation mitzubestimmen, schafft Vertrauen und bringt dem Kind die nötige Ruhe. Langsam kann es sich nicht nur an die typischen Reize seiner Umgebung gewöhnen, sondern auch an das Verhalten der Menschen, die es umsorgen. Ein rascher Wechsel in der Art der Betreuung oder der plötzliche Verlust von Zuwendung löst unangenehme, angstähnliche Empfindungen und Gefühle aus.

Fremdes und Unbekanntes macht dem Kind Angst

Entscheidend für die Entstehung und Entwicklung unterschiedlicher kindlicher Ängste ist die Zeit zwischen dem 6. und dem 24. Monat. Es ist die Zeit, in der das Thema Trennung und Fremdsein eine zentrale Rolle im Kinderleben spielt. Zunächst trifft das Kind eine ganz wichtige Unterscheidung – es kann irgendwann um die Mitte des ersten Lebensjahres zwischen Ich und Du unterscheiden. Das ist eine ganz gewaltige Entdeckung, denn in den ersten Wochen und Monaten war die Welt für die Kinder noch ein »einziges Großes Ich«. Nach und nach kann das Kind zwischen unterschiedlichen Menschen unterscheiden und trifft feine Abstufungen zwischen »fremd« und »vertraut«, zwischen bekanntem Verhalten und unbekannten Aktionen. Die Steigerung dieser zunehmenden Unterscheidungsfähigkeit wird auch als »Fremdeln« oder 8-Monats-Angst bezeichnet.

Wenngleich einige Kinder tatsächlich mit ängstlichem Verhalten auf fremde Menschen oder neue Situationen reagieren, so steht weniger die Angst im Vordergrund, sondern vielmehr die Fähigkeit, zwischen Vertrautem und Fremdem zu unterscheiden. Manchmal kann es schon eine markante Veränderung bei einem vertrauten Menschen sein, die dieses ängstlich neugierige Erstaunen auslöst: eine neue Frisur der Mutter, ein breitkrempiger Hut des Vaters, ein buntes Kopftuch der Oma … Das menschliche Gesicht und die Umrisse des Kopfes prägen sich dem Kind früh sehr tief ein. Und so ist es auch nicht verwunderlich, dass Veränderungen rund um diese gut eingeprägten und lieb gewonnenen Merkmale geliebter und vertrauter Menschen mit Erstaunen bis Angst aufgenommen werden. Auch Veränderungen in der gewohnten Geräuschkulisse – Stimmlage, Lautstärke – können das Kind verunsichern.

Besonders sichtbar wird die Fähigkeit des Kindes, zwischen Bekanntem und Unbekanntem zu unterscheiden, wenn fremde Menschen in seine Welt treten, zum Beispiel eine neue Nachbarin, ein zufällig vorbeikommender Passant oder ein alter Schulfreund des Vaters, der erstmals nach vielen Jahren wieder zu Besuch kommt. Diese Begegnungen versetzen das Kind in eine Spannung und innere Alarmbereitschaft. Hier wird es jetzt ganz besonders vom Verhalten der Mutter, des Vaters oder eines anderen bekannten und vertrauten Begleiters abhängen, ob das Kind eher seiner Angst oder seiner Neugierde nachgibt, denn schließlich sind die neuen Menschen ja auch spannend und interessant! Das Kind fährt alle seine »Antennen« aus, um an der Körperhaltung, der Stimme, dem Gesichtsausdruck und vielen anderen kleinen Signalen der vertrauten Personen Hinweise auf eine potenzielle Gefahr oder auf »Entwarnung« zu bekommen. Das Verhalten der sogenannten Bezugspersonen ist das Zünglein an der Waage, wenn es darum geht, ob das Kind seiner Angst oder seiner Neugierde nachgeben soll. Hier wird wiederum deutlich wie sehr frühe Angsterfahrungen im sozialen Zusammenhang zu sehen sind.

Was hilft gegen die Angst?

Kinder fühlen sich sicherer und werden eher neugierig auf andere zugehen, wenn sie selbst mitbestimmten können, wie rasch und wie nah ein fremder Mensch auf sie zukommen kann. Respekt vor der Grenze des Kindes ist wichtig! Man sollte bereits kleinen Kindern keinen Kontakt, keine Berührung aufzwingen. Die Eltern sollten ihre eigene Haltung gegenüber »Fremden« überprüfen, um zu vermeiden, dass unbewusste Haltungen und Einstellungen eins zu eins auf das Kind übergehen. In jeder Situation, in der viele neue Eindrücke auf das Kind einstürmen – seien es neue Menschen, neue Situationen, neue Gegenden – ist es gut, wenn das Kind einen sicheren »Heimathafen« hat, bei dem es Schutz und Geborgenheit erfahren kann. Manchmal müssen aber auch Menschen aus dem engen Familienkreis gleichsam neu entdeckt werden, wie das Beispiel des kleinen Gregor zeigt:

Gregor, ein kleiner Junge von knapp einem Jahr, lebt mit seinen Eltern in einer Siedlung am Stadtrand. Seit der Geburt ihres Sohnes ist Frau R. nicht mehr berufstätig. Herr R. ist beruflich viel unterwegs und kommt oft für längere Zeit nicht nach Hause. Die Kontakte von Frau R. zu anderen Müttern sind sehr spärlich und sie geht ganz in der Betreuung des Kindes auf. Mit Sorge bemerkt sie, dass Gregor mit einem Mal nicht mehr so freudig auf das Wiedersehen mit seinem Vater reagiert – ganz im Gegenteil: Als Herr R. nach einer längeren Abwesenheit nach Hause kommt, schmiegt sich Gregor ängstlich an die Mutter, drückt sein Gesichtchen fest an ihre Hand und will sich von seinem Vater nicht hochheben lassen. Erst nach etlichen Stunden am Arm der Mutter lässt sich Gregor auf die Spielangebote des Vaters ein. Frau R. scheint es fast, als müsse ihr Sohn den Vater wieder neu entdecken.

Fortgehen und Wiederkommen: Kleinkindliche Trennungsängste

Bald schon ist das Kind der kleinen überschaubaren Welt des Säuglings entwachsen. Mit der Unterscheidung zwischen Ich und Du kann das Kind Trennungen erstmals bewusst erleben, und die Möglichkeiten, sich aus eigener Kraft fortzubewegen, führen zu vielen kleinen und großen Entdeckungsreisen. Langsam setzt auch ein spielerischer Umgang mit dem Fortgehen und Wiederkommen ein: Kinder krabbeln weg – und kommen zurück; Kinder verstecken sich hinter der Tür – und schauen wieder hervor; Kinder ziehen eine Mütze über den Kopf – und nehmen sie wieder ab. Das Alter der »Guck-Guck-Da!-Spiele« ist für das Selbstständigwerden der Kinder enorm wichtig. Schritt für Schritt erobern sie sich ihre Welt. Damit dies alles problemlos möglich ist, muss es einen Ort der Sicherheit und der Beständigkeit geben. Für diese Zeit der »Welteroberung«, in der das Kind Tag für Tag aufbricht, um sich in »gefährliche Abenteuer« zu stürzen, Angst und Freude erlebt, vor dem Fremden zurückschrickt und sich ihm doch lustvoll neugierig nähert, braucht es die Mutter oder einen anderen verlässlichen Begleiter.

Ein Kind auf seiner Entdeckungsreise gut und unterstützend zu begleiten ist eine spezielle Herausforderung, die viel Einfühlungsvermögen und Verständnis für die Kinderwelt braucht. Es geht darum, ein richtiges Maß an Schutz auf der einen und Ermutigung auf der anderen Seite zu finden. Wie ein versierter Steuermann gilt es, gefährliche Klippen zu umschiffen, sichere Gewässer im Auge zu behalten, sich auf Neues einzulassen und bei all dem das Steuer nicht aus der Hand zu geben. Es geht um eine Begleitung der kindlichen Eroberungszüge unter einem wohlwollenden und fürsorglich wachsamen Auge bei gleichzeitiger Freude an den immer klarer zu Tage tretenden Selbstständigkeits- und Autonomiebestrebungen des Kindes. Beim Spiel mit dem Weglaufen und Wiederkommen lotet das Kind erstmals aus eigener Kraft wohltuende Nähe und notwendige Distanz aus, wobei ihm der Blickkontakt zur Mutter oder einer anderen vertrauten Person hilft, sich zu orientieren und die körperliche Distanz besser zu verkraften. Später kommt dann das Rufen und Fragen hinzu und hilft, auch weitere Entfernungen zu überbrücken. Der fragende Ruf »Mama!?« und die immer wiederkehrende Antwort »Ja, ich bin da!« bilden gleichsam ein Sicherheitsnetz, das ein Kind vor einem Absturz in den Abgrund des Alleinseins schützt.

Auch von den Eltern werden Anpassungsprozesse verlangt, die zum einen von Wehmut und ängstlichen Fragen begleitet werden, zum anderen auch von Stolz und dem Gefühl wiedergewonnener Freiheit. Sie müssen ihr Kind nach und nach in die Welt hinein entlassen

und es nicht allzu sehr in den Fängen ihrer Liebe und Fürsorge fest-
halten. Für das Kind ist es besonders aufregend, wenn es erstmals
erlebt, dass es Trennungen selbst verursachen kann: Es kann von der
Mama, vom Papa wegkrabbeln und weglaufen. Diese Erfahrung eröffnet dem Kind ganz neue spannende Dimensionen seines Kleinkind-
daseins – es beschert ihm aber auch Angst, Misserfolg, Enttäuschung,
Gefühle der Einsamkeit und des Unvermögens.

Nach einer Zeit intensiven Ausschwärmens in die nähere und weitere Umgebung bekommt das Kind etwa in der zweiten Hälfte des
zweiten Lebensjahres fast ein bisschen Angst vor seinem Mut. Mit
einem Mal wird aus dem wilden kleinen Eroberer ein anhängliches
Kind, das sich wieder fest an die Mutter schmiegt und den vertrauten
Menschen seiner Umgebung nicht von der Seite weicht. Die Welt da
draußen ist plötzlich doch wieder unheimlich geworden, und das
Bedürfnis, sich körperlich der schützenden und Halt gebenden Wärme
der Mutter zu versichern, nimmt ein Ausmaß an, das manche Mutter
als lästig empfindet. Sie fragt sich auch, ob sie etwas falsch gemacht
hat, dass ihr Kind so eine kleine Klette geworden ist und sich ängstlich hinter ihrem Rücken versteckt. Doch die Entwicklung von der ver-
schmelzenden Nähe des Neugeborenen mit seiner Mutter hin zu
einem selbstständigen kleinen Wesen, das sich der Liebe seiner Mutter auch dann sicher ist, wenn es sie nicht unmittelbar sehen oder
berühren kann, verläuft nicht zügig und geradlinig, sondern in vielen
kleinen vorwärts- und rückwärtsgerichteten Schritten. Es ist, als müsse
das Kind sich immer wieder auf altes und bekanntes Terrain zurückziehen und sich all der Dinge vergewissern, die ihm seelische Nah-
rung und Halt geboten haben, um sich so gestärkt wieder der Welt
zuzuwenden.

Liebevolle und geduldige Begleitung können dem Kind helfen,
sein Tempo bei der Welteroberung zu finden und diese wichtigen seelischen Entwicklungsprozesse gut zu bewerkstelligen. Wenn man
bedenkt, wie viel das Kind in kurzer Zeit lernen muss, dann sind Zeiten scheinbaren Stillstands oder Rückschritts nur allzu verständlich.
Lässt man dem Kind die nötige Zeit und bietet ihm Anregungen, ohne
ein Selbstständigerwerden zu fordern, dann wird die Neugierde und
die Lust auf Neues bald schon wieder die Oberhand gewinnen.

In der nachfolgenden Zeit, also im dritten Lebensjahr, ist das Kind oft hin und her gerissen zwischen dem großen Wunsch, wieder hinauszuschwärmen in die aufregende Welt der Farben, Töne und neuen Erfahrungsräume und der großen Sehnsucht nach Nähe und vertrauten Menschen. Es möchte fortlaufen – und doch dableiben; es möchte unabhängig und selbstständig sein – und doch ganz in der Fürsorge der Eltern aufgehen; es hat Angst vor Trennungen – und möchte sich doch so gern in die Welt hinauswagen: Die Zeit der großen Ambivalenz ist angebrochen! Neben diesem Dilemma erfährt das Kind viele größere und kleinere Misserfolge, muss erleben, dass es bei weitem nicht alles kann, was es gern können möchte, und dass es rasch an seine Grenzen kommt. Und bei all dem wird es mit einem neuen Gefühl der Abhängigkeit von der Mutter konfrontiert sowie von all den anderen Menschen, die sein Leben begleiten. Gefühle von Ärger und Traurigkeit werfen ihre Schatten auf die Welt der Zwei- und Dreijährigen. Mit einem Mal ist die Mutter nicht mehr nur die liebe Mutter, sondern kann auch als »böse« erlebt werden. So mancher Ausflug des Kindes endete in einem Missgeschick und löst beispielsweise Ärger oder Unzufriedenheit bei der Mutter aus – und schon verwandelt sich die »liebe« Mutter in eine »böse« Mutter. Nach und nach lernt das Kind aber, dass die Mutter gut *und* böse ist, es lernt, dass andere Menschen gut *und* böse sind, und begreift schließlich, dass es selbst auch gut *und* böse ist.

In der Erkenntnis, dass Menschen gut *und* böse sind, liegt einer der Meilensteine in der seelischen Entwicklung. Psychoanalytische Schulen gehen davon aus, dass Kinder im dritten Lebensjahr diese Erfahrungen des Zusammengehörens von »gut und bös«, »sicher und Angst erregend« machen, und weisen darauf hin, dass das Kind dadurch eine Reihe von inneren Begleitern gewinnen kann, die ihm sagen, dass es nicht im Stich gelassen wird. Ein tiefes inneres Wissen bahnt sich an, dass die Mutter nicht ganz »verloren« ist, auch wenn sie nicht immer den eigenen Wünschen gemäß handelt oder gar ganz aus dem Blickfeld verschwindet. So kann Urvertrauen wachsen und gedeihen. Wenn Menschen gut und böse sind, bedeutet das auch, dass man sie ganzheitlich in sich aufnehmen kann, dass man nicht einen Teil von ihnen beiseite schieben und »abspalten« muss. Menschen können so mit allem, was sie zu einzigartigen Individuen macht, als innere Begleiter Eingang in die Kinderherzen finden. Vom Gelingen dieses komplizierten seelischen Vorgangs – der auch mit dem Fachbegriff Objekt-konstanz umschrieben wird – hängt es zum Beispiel ab, ob Erwachse-ne in schwierigen und belastenden Situationen in der Lage sind, die Erinnerung an positive Erfahrungen in ihrem Inneren wachzurufen, ob und in welchem Maß es gelingt, mit Frustrationen konstruktiv umzugehen, und inwieweit es möglich ist, im Streit trotz aller negati-ven Empfindungen die guten Aspekte des anderen in seinem Herzen zu bewahren.

Was hilft gegen die Angst?

Die alterstypische Angst der ersten Jahre liegt in der Angst vor Tren-nungen. Das Kind hat einen weiten Weg zurückgelegt vom symbioti-schen Zustand des Neugeborenen bis hin zu einem Dreijährigen, das »Ich bin Ich« und »Du bist Du« sagen kann! Auf diesem Weg hat es so manche Trennung erlebt – aber auch selbst in die Wege geleitet. Die Angst vor Neuem war einerseits Grund, sich in die schützenden Arme vertrauter Menschen zu werfen, andererseits aber Anlass, sich zu erpro-ben, diesem Neuen die Stirn zu bieten. Dadurch erfährt es ganz neue Seiten an sich und anderen – es entdeckt einerseits eine bisher nie gekannte Selbstständigkeit und kommt andererseits immer häufiger mit der einschränkenden Autorität der Erwachsenen in Berührung. Jedes Kind erlebt auf diesen »Entdeckungsreisen« Angst und wird nach Möglichkeiten suchen, mit dieser Angst fertig zu werden. Zudem hält der tägliche Alltag viele Trennungssituationen bereit, die es zu bewäl-tigen gilt, z. B. der Abschied vom Vater oder der Mutter, die zur Arbeit gehen, das Loslassen von einer intensiven Spielsituation oder die vie-len kleinen Veränderungen in Richtung Schlafenszeit, die ein sich neigender Tag mit sich bringt. Das löst häufig Unwillen, Unbehagen, Zorn oder Angst aus. Was kann helfen?

Bei der Überwindung kindlicher Ängste in diesem Alter und weit darüber hinaus spielen die sogenannten »Übergangsobjekte« eine große Rolle. Dabei handelt es sich um Gegenstände, die einen Teil einer vertrauten und Sicherheit gebenden Beziehung symbolisieren. Das können Teddybären, Kuscheltiere aller Art oder auch weiche Tücher sein, die das Kind zu sich holt, um über Trennungen besser hinwegzukommen. Sie sind Symbole einer innigen Beziehung, rufen durch wiederholtes Berühren des Gesichts Erinnerungen an frühe körperliche Erfahrungen in den Armen der Mutter wach und hüllen das Kind mit einem Duft aus »fernen Tagen« ein. Meistens haben sie keinen wirklichen Namen, sondern erhalten lautmalerische Bezeichnungen, die der Fantasie der Kinder entspringen wie zum Beispiel »Alla« oder »Leili« –, oder sie bleiben ganz namenlos. Sie sollen den Schritt über die Schwelle des Allensein-Könnens erleichtern und das Kind bei seinen Versuchen unterstützen, auf allen Ebenen nach und nach auf eigenen Beinen zu stehen. Alle Erinnerungssplitter an die schöne und Sicherheit gebende Nähe zur Mutter, zu den Eltern und anderen wichtigen Menschen leben in diesen Helfern weiter. Besonders beliebt sind sie bei der allabendlich notwendigen Trennung des Kindes von den Eltern, wie es auch im nachfolgenden Beispiel zum Ausdruck kommt:

Wenn der Tag sich neigt, wird es für Petra, eine aufgeweckte Dreijährige, Zeit, sich auf die Suche nach Lalla zu begeben. Lalla ist keine Puppe, auch kein Tier – Lalla ist ein buntes Tuch, in das ihre Mutter ein paar Knoten gemacht hat. Manchmal spielt Petra mit Lalla tagsüber wie mit einer Puppe, doch meistens verbringt Lalla den Tag in der Spielkiste der Kleinen und wird erst am Abend hervorgeholt. Dann darf sie auf dem Schoß von Petra liegen und ihr zusehen, wie sie den Grießbrei isst, wird dann und wann mit etwas Zimt bestreut und bekommt den einen oder anderen Klecks ab. Im Anschluss an das Abendessen wandert Lalla mit ins Badezimmer und schließlich landet sie in Petras Bett. Dort muss sie nicht wie der Bär und die Puppe Anna am Fußende des Bettes liegen, sondern erhält einen Ehrenplatz direkt neben dem Kopfkissen. Nach einem Gute-Nacht-Lied und einem Gute-Nacht-Kuss zieht sich die Mutter zurück. Petra drückt ihre Nase tief in Lalla und reibt ihr kleines Gesicht an dem bunten Stofftuch, in dem sich die Düfte ihrer Kinderwelt verbergen. Alle Versuche der Mutter, diesem »unhygienischen Treiben« ein Ende zu machen, stoßen auf heftigen Protest bei Petra. Doch an ein Einschlafen ohne Lalla ist im Augenblick nicht zu denken – so drückt die Mutter beide Augen zu und ist froh, dass Petra mit Lalla sanft ins Reich der Träume geführt wird.

Die Zeit des Schlafengehens wird in vielen Familien als schwierige Belastungsprobe angesehen und so manch kindliche Angst zeigt sich, wenn der Tag zu Neige geht und die Nacht beginnt (vgl. Teil 2, Kapitel 1, S. 53 ff.). Die meisten Kinder suchen sich selbst ihren »Lieblingshelfer« aus, der in vielen Fällen ganz und gar nicht den hygienischen Vorstellungen so mancher Mutter, Oma oder Tante entspricht. Doch da muss man dann eben die nötige Gelassenheit aufbringen und darf diese Tiere, Puppen oder Gegenstände niemals ohne Wissen der Kinder entfernen oder austauschen. Diese Dinge sind gleichsam beseelt, tragen das eine oder andere Geheimnis der Kinder in sich und könnten viele Geschichten erzählen, wie ihre kleinen Freunde mit ihrer Hilfe die Angst vor dem Alleinsein und der Trennung von den geliebten Menschen überwunden haben.

Angst vor Trennungen wird für Kinder bis zum vierten Lebensjahr als entwicklungstypisch angesehen. Das bedeutet, dass in diesem Alter jedes Kind mehr oder weniger mit dem Gefühl der Angst konfrontiert ist und dass die Bewältigung der Angst gleichzeitig eine wichtige Entwicklungsaufgabe ist, an der das Kind reifen und wachsen kann. Darüber hinaus sind Trennungen natürlich ein Leben lang Ereignisse, die mehr oder weniger angstbesetzt sind (vgl. Teil 2, Kapitel 2 und 3, S. 65 ff. und 86 ff.). In welchem Maße es im späteren Leben gelingen kann, die Angst in den Griff zu bekommen und zu wandeln, wird nicht zuletzt davon abhängen, ob wir in frühen Jahren die Chance bekommen haben zu lernen, mit der Angst aus eigenen Stücken kreativ fertig zu werden. Basis für eine positive Bewältigung ist einmal mehr eine enge und liebevolle Beziehung in den ersten Lebenswochen und -monaten zu Menschen, die auch bereit sind, in dieser Beziehung zu wachsen und diese zu verändern.

Dunkelheit ist unheimlich: eine typische Kleinkinderangst

Welche Angst ist für das Kleinkindalter noch typisch? Zwischen dem zweiten und dem vierten Lebensjahr taucht bei sehr vielen Kindern die Angst vor Dunkelheit auf. Mag diese Angst auch noch in späteren Altersabschnitten zum Thema werden, so ist sie in dieser Zeit Teil eines seelischen Prozesses, der zu einer gesunden Entwicklung gehört und dessen Bewältigung die Kinder gestärkt aus diesem Reifungsprozess hervorgehen lässt. Die Dunkelheit stellt ein uraltes kollektiv verankertes Symbol für alles Unheimliche, Unkontrollierbare und Undurchschaubare dar (vgl. Kapitel 1, Abschnitt 1, S. 17). Sie steht für endgültige Trennung und löst in vielen Menschen Gedanken an das Ende, an den Tod aus.

Jeder Tag, der sich zu Ende neigt, bringt die Dunkelheit mit sich. Für Kinder bedeutet das zunächst, dass sie in ihrer Eroberungsfreude gebremst werden, dass sie von vielen Aktivitäten und von Menschen Abschied nehmen und auf sich allein gestellt in die Dunkelheit der Nacht eintauchen müssen. Für Kinder zeigt die Dunkelheit das Ende eines aufregenden Tages an und den Beginn einer unsicheren und undurchschaubaren Zeit. Mit einem Mal können sie sich in ihrer eben erst so lustvoll und doch auch so mühevoll eroberten Welt nicht mehr zurechtfinden. In der Dunkelheit der Nacht beispielsweise verschwinden Menschen, Tiere, Pflanzen und Gegenstände und nur durch das immer wiederkehrende Erleben, dass das Tageslicht auch alles wieder hervorzaubert, fühlt sich das Kind ein bisschen beruhigt. Viele Kinder wünschen sich auch, alles am Morgen so vorzufinden, wie sie es am Abend hinterlassen haben. Sie finden es unheimlich, wenn sich alles über die Nacht verändert, und werden indirekt in der allgemein-menschlichen Angst verstärkt, dass die Dunkelheit mit unheimlichen und unkontrollierbaren Kräften ausgestattet ist. Dass dies eine Angst ist, die uns ein Leben lang begleitet, davon zeugen auch viele literarische Arbeiten, wie der nachfolgende Text von Rainer Maria Rilke zeigt:

> *Die Nacht wächst wie eine schwarze Stadt,*
> *wo nach stummen Gesetzen*
> *sich die Gassen mit Gassen vernetzen*
> *und sich Plätze füllen zu Plätzen,*
> *und die bald an die tausend Türme hat.*
>
> *Aber die Häuser der schwarzen Stadt, –*
> *du weißt nicht, wer darin siedelt.*
>
> *In ihrer Gärten schweigendem Glanz*
> *reihen sich reigende Träume zum Tanz, –*
> *und du weißt nicht, wer ihnen fiedelt …*

Was ängstigt Kinder an der Dunkelheit besonders? Zum einen ist es sicherlich der Verlust an Sicherheit und Orientierungsvermögen, der Angst auslöst. Zum anderen stellt die dunkle Wand der Finsternis auch einen Ort dar, der sich wie eine Filmleinwand gleichsam als Projektionsfläche für alle bösen, aggressiven, negativen Gefühle anbietet. Der Kinderalltag ist gerade in diesem Alter besonders aufregend, und die Erfahrungen bringen sowohl Freude und Lachen als auch Zorn, Enttäuschung und Tränen. Die negativen Seiten des Eroberungsdrangs, der Beziehungen zu den Erwachsenen oder anderen Kindern und die immer wieder überschäumenden Gefühle müssen am Abend zur Ruhe kommen. Doch manchmal wollen sie nicht ruhen und wühlen das Kind auf, sie nehmen auch gern fantastische Gestalten an, werden zu zähnefletschenden Tigern, spöttisch lachenden kleinen Monstern, wilden, Keulen schwingenden Kerlen und übergroßen Riesen. Wer kann schon mit so wilden Genossen eine ruhige Nacht verbringen? Und so werden diese Gefühle aus dem eigenen Inneren verbannt, ausgelagert und in die Dunkelheit der Nacht verschickt. Leider treiben sie dort oft ihr Unwesen und scheinen mit ihren langen Armen nach dem Kind zu greifen, das sich tief in sein Kissen eingräbt und mit Herzklopfen auf die seltsamen Geräusche lauscht … Um die bedrohlichen Gefühle von Feindseligkeit, Zorn, Wut oder Aggression nicht mit in den Schlaf nehmen zu müssen, erschaffen Kinder Fantasiegestalten und lassen diese ihre negativen Seiten ausleben. Diese Figuren erzeugen ihrerseits aber wieder Angst – eine Angst, die sich aus der Dunkelheit dem Kind nähert und bewältigt werden muss.

Was hilft gegen die Angst?

Was hilft gegen die gefährlichen Tiere, die sich unter dem Bett verstecken, was hilft gegen Monster und Gespenster, die hinter dem Schrank lauern, oder kleine gelbe Männchen, die das Bett belagern? Kinder sind im Ausdenken von Fantasiegestalten ebenso kreativ wie im Erfinden der Gegenmitteln, die in Form von Ritualen, bestimmten Verhaltensmustern oder Gegenbildern wirksam die Angst bannen helfen. Nicht immer gelingen die Bemühungen, mit der Angst vor und in der Dunkelheit fertig zu werden. Dann brauchen die Kinder eine behutsame Unterstützung durch die Eltern oder andere Begleitpersonen. Hierbei ist es wichtig, ihre Ängste ernst zu nehmen, sie aber unbedingt als die Ängste der Kinder anzusehen und nicht aus falsch verstandenem Mitgefühl, plötzlich selbst die Gespenster zu sehen oder das Krokodil unter dem Bett schnaufen zu hören. Ernstnehmen der kindlichen Dunkelangst bedeutet, nach Möglichkeiten zu suchen, dem Kind die nötige Sicherheit zu geben, dass man auch nachts da ist und es bei seinen Versuchen unterstützt, nach hilfreichen Ritualen zu suchen. Das kann in einem Fall eine bestimmte Einschlafzeremonie sein, in einem anderen die Regelung, ein bisschen Licht anzulassen (vgl. Kapitel 2, Abschnitt 1). Auch bei der Dunkelangst sind die wirksamsten Hilfen immer solche, die das Kind aus eigener Kraft und entsprechend seiner Fantasie und Denkweise entwickelt, wie der kleine Anton es tut:

Anton geht seit einigen Monaten in den Kindergarten und ist stolz, dass er jetzt schon ein Kindergartenkind ist und nicht mehr »so ein Baby« wie seine kleine Schwester. Er kommt mit den anderen Kindern gut aus und berichtet jeden Mittag mit leuchtenden Augen vom aufregenden Vormittag bei »Tante Manu«. So aufgeweckt, »mutig« und unkompliziert der »Tages-Anton« ist, so seltsam still und ängstlich wird der »Abend-Anton«. Seine Eltern bemerken, dass er sich nicht mehr in den Garten traut, wenn es dunkel wird; auch der bei Tageslicht so aufregende Keller wird mit dem Einbruch der Dunkelheit von Anton gemieden. Doch als der kleine Junge schließlich von einem wilden Kerl berichtet, der am Abend hinter dem Schrank hervorschaut, geraten die Eltern in Sorge. Sie reden Anton gut zu und versuchen ihn davon zu überzeugen, dass es keinen wilden Kerl gibt. Doch Anton beharrt weiterhin darauf, dass dieser wilde Kerl jeden Abend, wenn die Eltern aus dem Zimmer gehen, den Kopf hinter dem Schrank hervorstreckt und ihm mit der Faust droht. Die Abende werden für die Eltern und für Anton anstrengend. Eines Tages bringt Anton aus dem Kindergarten ein kräftig gemaltes Bild mit nach Hause: »Für den wilden Kerl!«, meint er stolz. Dieser Tag brachte die Wende mit sich. Anton klebte das Bild an den Schrank und bevor er ins Bett kletterte, nahm er jeden Abend einen Buntstift und setzte einen zusätzlichen kräftigen Strich auf das Blatt. Anton hatte sein »Zaubermittel« gegen den wilden Kerl gefunden! Und als er schließlich noch von seiner Oma ein Bilderbuch mit dem Titel »Wo die wilden Kerle wohnen«[1] bekam, ging die Zeit zu

Ende, in der Anton einfach nicht zu Bett wollte. Mit Buntstift und Bilderbuch gerüstet war er bereit, der Dunkelheit zu begegnen.

Nach und nach treten im Laufe der Monate und ersten Jahre die entwicklungstypischen Ängste vor Trennungen und Dunkelheit zurück. Das Kind hat eine gewisse innere Sicherheit und Stabilität erreicht, die es ihm ermöglichen, selbstständig seinen Horizont zu erweitern und neue Schritte zu wagen. Die Gestalten der Fantasie bleiben noch einige Zeit wichtige Begleiter, und die Vermischung von Wirklichkeit und Fantasie kennzeichnet bis ins Vorschulalter das kindliche Spiel. Es dient dazu, die Welt und ihre oft unverständlichen Gesetze besser zu verstehen und den vielen kleinen und großen Geheimnissen auf die Spur zu kommen.

Ängste des Vorschulkindes: Spinnen, Hunde und Co.

Zwischen dem fünften und siebten Lebensjahr kommen andere Angstinhalte als bisher zum Vorschein und machen das Fortschreiten in der Entwicklung deutlich. Immer häufiger treten reale Gegenstände oder Situationen in den Vordergrund kindlicher Angst. Da wird zum Beispiel plötzlich der Hund des Nachbarn argwöhnisch begutachtet, und nichts kann das Kind dazu bringen, allein am Zaun vorbeizugehen, hinter dem der Hund steht und neugierig herüberschaut. Für andere Kinder werden Spinnen mit einem Mal zu äußerst bedrohlichen Zeitgenossen, die ihnen Schauer über den Rücken jagen, oder Vögel, die das Kinderherz zum Lachen brachten, werden plötzlich argwöhnisch betrachtet. Bisher hat sich das Kind tapfer und mutig in die Welt hinausgewagt und musste in erster Linie die große Angst vor dem Verlust der Mutter überwinden. Seine ganze Aufmerksamkeit hat sich auf seinen »Heimathafen« gerichtet und es suchte nach Möglichkeiten, innere Sicherheit zu erlangen.

Doch nun zeigt sich die Welt von einer anderen Seite, sie ist nicht mehr nur ein Feld der unbegrenzten Entdeckungsmöglichkeiten, sondern birgt auch Gefahren. Nun hat das Kind nicht mehr Angst vor Gespenstern oder wilden Kobolden, sondern davor, sich zu verletzen, gebissen oder angegriffen zu werden. Auch Bedrohungen, die von Feuer, Unwetter, Überschwemmungen oder Erdbeben ausgehen, treten in diesem Alter ins Bewusstsein und machen Angst. Die äußeren Realitäten mit ihren ängstigenden Aspekten und die durch Medien vermittelten Ereignisse treffen die Kinderseele und rufen nach einer entsprechenden Aufarbeitung und Bewältigung (vgl. Teil 2, Kapitel 6).

Was hilft gegen die Angst?

Das Bedürfnis nach Sicherheit und Geborgenheit ist auch in diesem Alter bei allen Maßnahmen gegen die Angst bestimmend. Kinder wünschen sich eben nicht nur ein sicheres Zuhause und die Geborgenheit in einer Schutz gebenden Familie, sondern möchten dies auch in der weiteren Umgebung – in der Welt – erfahren. In der Auseinandersetzung mit den spezifischen Ängsten dieser Altersstufe zeigt sich einmal mehr, dass Kinder sehr erfinderisch sind und ganz unterschiedliche Zugänge haben. Die Bandbreite reicht vom Erforschen des Unbekannten und Angstmachenden bis hin zum Einsatz magischer Techniken zur Überwindung der Angst, deren tieferer Sinn Erwachsenen oft verborgen bleibt, wie das Beispiel von Lukas sehr deutlich zeigt:

Lukas ist sechs Jahre alt und hat zwei ältere Schwestern. Die Eltern und Großeltern freuten sich sehr, als ihr Stammhalter auf die Welt kam, und Lukas wurde rasch zu Opas Liebling. Der alte Mann spielte viel mit seinem Enkel und nahm ihn gern auf Ausflüge mit. Als Lukas von einem dieser Ausflüge zurückkam, erzählte er aufgeregt von einem großen schwarzen Hund. Er erzählte immer wieder von den riesigen Zähnen und wie schrecklich wild er gebellt habe. Die Eltern hörten zu und meinten, wie gut es doch gewesen sei, dass Opa dabei war. Die Zeit verging und alles ging seiner Wege. Doch eines Tages bekam die Nachbarsfamilie einen Hund: Poldi. Es war ein kleiner schwarzer Welpe, niedlich und verspielt. Lukas beobachtete den Hund über den Zaun hinweg mit deutlich angespannter Miene. Er lief ins Haus und wollte von seiner Mutter genaue Auskünfte: Ob der Hund noch lange so klein bleibe, wie groß seine Zähne seien, was und wie viel er zu fressen brauche, wann er schlafen gehe … Lukas stellte Fragen über Fragen und konnte nicht genug bekommen. Schließlich kam er zur Einsicht: Auch dieser Hund wird einmal riesig! Und so machte sich der Junge daran, sich Strategien zu überlegen, einer direkten Begegnung mit dem Hund auszuweichen. In den darauffolgenden Wochen bemerkte der Vater, dass Lukas es vermied, direkt am Nachbarstor vorbeizugehen. Stattdessen lief er in seltsamen Zickzack-Linien über den Gehweg: Nur so – dachte sich Lukas aus – sei er vor dem mittlerweile großen schwarzen Poldi sicher!

Viele Kinder greifen zur Bewältigung ihrer Ängste auf magische Handlungen zurück, deren Wurzeln in die Zeit der sogenannten magischen Lebensspanne zurückreichen, in denen die Welt nach eigenen kindlichen Gesetzen von Fantasie und Wirklichkeit funktionierte. Es ist die Zeit, in der unbelebte Dinge wie Lebewesen erlebt (sogenannter Animismus) oder den unterschiedlichsten Gegenständen menschliche Eigenschaften zugeschrieben werden (sogenannter Anthropomorphismus).

Eine typische Angst von Grundschulkindern: Angst vor schlechten Leistungen

Mit dem Eintritt in die Schule beginnt im Kinderleben ein ganz neues und entscheidend anderes Kapitel. Der Lebensraum des Kindes ist nicht mehr durch die Regeln und Gesetze der Eltern bestimmt, die Kontakte beschränken sich nicht mehr auf ein paar vertraute Menschen, und das spielerische Lernen und Erlernen wird durch klar bestimmte Leistungsanforderungen ersetzt. Diese Umstellungen entsprechen zum einen den Möglichkeiten und Fähigkeiten der Kinder und bringen Impulse mit sich, die eine gute geistig-seelische Entwicklung ermöglichen. Zum anderen ist das Betreten dieses Neulands immer auch mit Unsicherheit verbunden und kann einige Ängste auslösen, die bis zu diesem Zeitpunkt nicht auftauchten oder nur am Rande existierten. Durch den Vergleich mit anderen Kindern, durch die Erwartungshaltung der Eltern und durch den großen Wunsch, diesen Erwartungen und Wünschen gerecht zu werden, fühlen sich manche Kinder verängstigt. Auch unterschiedliche schulische Situationen – Leistungsanforderungen, Anpassung an Regeln, soziale Aspekte – können das Kind in erhöhte Spannung versetzen. Das mag im einen Fall lustvoll und spannend erlebt und erfahren werden, im anderen Fall zu Leistungs- und Versagensängsten führen.

Die Erfahrungen der frühen Kindheit werden mit dem Eintritt in die Schule um ein Vielfaches erweitert. Den meisten Kindern gelingt die Anpassung gut und sie können Ängste und Unsicherheiten mehr oder weniger leicht überwinden. Für einige ist es jedoch eine besonders schwere Zeit, in der sie viel Unterstützung und Zuwendung brauchen, damit die negativen Eindrücke letztlich nicht die Oberhand gewinnen.

Die Angst vor schlechten Leistungen gehört ins Grundschulalter und ist ebenfalls als eine entwicklungstypische Angst zu bezeichnen. Auch hier zeigt sich, dass die Entwicklungsaufgabe darin liegt, sich dieser Angst zu stellen und Wege zu finden, den sozialen Vergleichsprozessen und Leistungsanforderungen positiv zu begegnen. Die Angst zu bewältigen heißt gleichzeitig, einen wichtigen Entwicklungsschritt zu meistern. Sehr oft wird hier der Grundstein gelegt für den Zugang zu leistungsorientierten Aufgaben, Zuversicht und Selbstvertrauen. Recht früh entscheidet es sich, ob es den Kindern gelingt, ihre Ängste positiv zu nutzen und sie als Antrieb für ein angemessenes Lernen und Leistung-Erbringen zu sehen. Gelingt es, die Kraft der Angst als Motor für die eigene Entwicklung einzusetzen, kann das Selbstbewusstsein wachsen, und es wird dem Kind leichter gelingen, einen realistischen Zugang zu sich selbst zu bekommen. Dadurch kann es effizienter mit seinen Ressourcen umgehen und sich vor überzogenen, aber auch unterfordernden Erwartungen schützen.

Was hilft gegen die Angst?

In der Auseinandersetzung mit den Leistungsängsten aber auch mit unterschiedlichen Sozialängsten liegt für Grundschulkinder eine Chance, sich besser kennenzulernen und herauszufinden, wo sie stehen. Das nachfolgende Beispiel zeigt, wie mit Hilfe eines positiven Umfeldes auch sehr schüchterne Kinder an den Herausforderungen wachsen können und ihre Angst in den Griff bekommen:

Jakob geht gern zur Schule und ist mit Eifer bei der Sache. Doch nach wie vor ist er ein sehr schüchternes Kind, was seinen Eltern Kopfzerbrechen bereitet. Er braucht sehr lange, bis er sich anderen Kindern anschließt, er zieht sich zurück, wenn ältere Jungen im Hof spielen, und es kostet ihn große Überwindung, nach den Ferien wieder in die

Schule zu gehen. Schon überlegt seine Mutter, ihn bis zur Schultür zu begleiten – und lässt ihren Sohn dann doch lieber allein zur Schule gehen; schließlich ist er für den Schulweg unter »Mutterschutz« doch schon zu groß. Jakob fällt es schwer, die vielen schulischen Herausforderungen unter einen Hut zu bringen, und es gelingt ihm nur langsam, seinen sozialen Platz in der Klassengemeinschaft zu erobern. Auch kostet es ihn jedes Mal eine unglaubliche Überwindung, wenn er einen kleinen Text laut vorlesen oder an der Tafel etwas vorrechnen soll. Umso größer ist dann die Freude und Erleichterung, wenn er es geschafft hat. Jakob spürt jedes Mal ein Bauchkribbeln, wenn er an diese Situationen denkt – und gleichzeitig wünscht er sich das Gefühl der Erleichterung herbei. Und so wächst dieser Junge an seinen Ängsten: Von Tag zu Tag gelingt es ihm besser, seine Ängste zu überwinden. Und da ist noch sein Freund Peter, ein fröhlicher, unerschrockener Junge, der ihm ein Stück soziale Sicherheit gibt. Auch die zurückhaltende und gleichzeitig positive Unterstützung der Eltern hilft ihm. Sie machen ihm Mut, den Leistungen in der Schule gewachsen zu sein. Regelmäßige Rücksprache mit dem Lehrer machen die Eltern im Umgang mit den Ängsten ihres Kindes sicherer.

Nicht nur für die Kinder, sondern auch für deren Eltern bringt die zunehmende Erweiterung des Lebensraums viele neue positive Herausforderungen, aber auch potenzielle Quellen für Ängste. Die Erziehungsaufgaben werden jetzt mit anderen Menschen geteilt und erste »offizielle« Beurteilungen der Kinder müssen entgegengenommen werden. Viele fühlen sich in gewissem Sinne selbst auf dem Prüfstand, wenn ihre Kinder in die Schule kommen. Und so spielen die Eltern gerade im Zusammenhang mit Leistungsangst und Schulängsten im weiteren Sinne eine wichtige Rolle. Es kommt immer wieder vor, dass unerfüllte Sehnsüchte und Wünsche der Eltern auf die Kinder übertragen und für diese zum belastenden Schicksal werden.

Um diesen für beide Seiten fatalen Entwicklungen gegenzusteuern, ist es wichtig, sich bewusst zu machen, dass der Weg der Kinder durch die Schule immer auch mit Gefahren und Stolpersteinen verbunden ist. Ungerechte Beurteilungen, schwierige soziale Situationen, Missverständnisse mit Lehrern, Schwierigkeiten mit bestimmten Stoffgebieten, Streitereien mit Mitschülerinnen und Mitschülern, Misserfolge und Zeiten der Orientierungslosigkeit – dies und noch vieles mehr gehört zu einem normalen Schulalltag genauso wie das Glück, einen verständnisvollen Lehrer oder eine unterstützende Lehrerin zu haben, Freunde zu finden, den Lernstoff gut zu verstehen, Spaß an den Aufgaben zu haben und gelobt zu werden. Beide Seiten schulischer Erfahrungen fordern Kinder wie Eltern und bieten eine Fülle an Lernmöglichkeiten im weitesten Sinn.

Mit alterstypischen Ängsten umgehen lernen

In der Begleitung von Kindern darf es nicht so sehr darum gehen, krampfhaft zu versuchen, möglichst alle Ängste und Schwierigkeiten aus dem Weg zu räumen. Vielmehr ist es wichtig, den Kindern das Leben mit all seinen Anforderungen zuzutrauen und sie bei ihren Bemühungen zu unterstützen, die neuen Situationen zu bewältigen und ihren eigenen Weg zu finden. Dabei kann es in bestimmten Fällen hilfreich und wichtig sein, professionelle Hilfe in Anspruch zu nehmen, um bei besonderen Auffälligkeiten oder Lernschwierigkeiten die richtige Unterstützung zu bekommen und ein Entgleisen der Angst in eine Angststörung zu vermeiden (vgl. Teil 2, Kapitel 5, S. 141).

Diese Darstellung der alterstypischen Ängste soll Eltern einen Überblick über jene seelischen Prozesse geben, die das Wachsen und Großwerden ihrer Kinder begleiten, und zeigen, dass es sich hierbei nicht um »Störungen« handelt. Ängste sind fester Bestandteil des Lebens, und sie wecken innere Kräfte, sie zu überwinden. Die Hilfsangebote der Eltern an ihre Kinder werden sich im Laufe der Jahre verändern und an den jeweiligen Gegebenheiten und Möglichkeiten orientieren müssen. Das verlangt von den Eltern ein Mitwachsen und fordert Beobachtungsgabe, Einfühlungsvermögen, Flexibilität und manchmal auch ein bisschen Fantasie.

Für viele Eltern stellt sich die Frage, wann eine Angst »normal« ist und wann man an eine Angststörung denken muss. In aller Regel gilt, dass immer dann die Gefahr eines ungünstigen Verlaufs gegeben ist, wenn sich Zustände verfestigen und über einen längeren Zeitraum unverändert bleiben. Entwicklung bedeutet Veränderung – das gilt auch und ganz besonders bei den kindlichen Ängsten und deren Bewältigung. Im Zweifelsfall sollten Eltern sich nicht scheuen, Beratung oder professionelle Hilfe in Anspruch zu nehmen. Hier bietet sich die Kinderärztin oder ein praktischer Arzt des Vertrauens ebenso an wie psychologische Beratungsstellen, psychotherapeutische Einrichtungen oder schulpsychologische Dienste. Manchmal genügt es schon, die eigenen Ängste und Fragen mit einem verständnisvollen und kompetenten Menschen zu besprechen, um sich wieder mit Freude und dem notwendigen Maß an Gelassenheit dem Erziehungsalltag zu widmen.

Abbildung 2: »... sich mit Freude dem Erziehungsalltag zuwenden ...«

3. Kinderworte und Kinderzeichnungen: Beispiele aus dem Alltag

Bevor im zweiten Teil des Buches auf ganz konkrete Kinderängste eingegangen wird, die zum einen jeden normalen Kinderalltag begleiten, zum anderen nur von einigen Kindern durch besondere Lebensumstände erfahren werden, sollen Kinder selbst zu Wort kommen. Was macht ihnen Angst? Was belastet ihre Seele? Wie sprechen sie über ihre Gefühle und Empfindungen? Und welche Formen des kreativen Ausdrucks finden sie in ihren Zeichnungen?

Die folgenden Aussagen und Zeichnungen stammen von Kindern im Alter von vier bis zehn Jahren und beziehen sich auf ganz unterschiedliche Erlebnisse, Erfahrungen und Situationen. Da wird über schlechte Träume, böse Monster, unheimliche Geräusche ebenso berichtet wie von den Gefühlen, die der Tod eines Elternteils oder eine Scheidung ausgelöst haben. Alle Gespräche fanden in dem geschützten Rahmen der elterlichen Wohnung, im Kindergarten oder in der Schule statt. An dieser Stelle ein herzliches Danke an die Kinder und alle Eltern, Kindergärtnerinnen und Lehrkräfte, die sich bereit erklärt haben, über das Thema Angst zu sprechen, und mir die Tür zu den Kindern geöffnet haben.

»Vor Räubern hab ich Angst ...!«, erzählt der kleine Benjamin seiner Kindergartentante und malt ein Räuberbild.

»Manchmal habe ich auch einfach nur so Angst, ich weiß auch nicht wovor. Dann kommt so ein komisches Gefühl. Ich werde ganz zittrig und bekomme so seltsam eingeschlafene Füße. Im Magen ist es auch so ... so irgendwie ›dunkel‹. Dann nehme ich mir mein Kuscheltier oder höre schöne Musik und warte, bis es vorbeigeht«, erzählt der siebenjährige Jakob.

»Am meisten Angst habe ich vor bösen Träumen«, erzählt die neunjährige Alissa. »Im Traum kommt immer wieder ein Tiger und verfolgt mich, meistens kann ich davonlaufen, aber manchmal werde ich auch gefressen. Ich finde es schade, dass ich nicht einfach aufwachen oder sagen kann: ›Das ist ja nur ein Traum!‹ Besonders schlimm sind die

Angstschlangen. Sie sind meistens groß, grün oder schwarz und sehr gefährlich. Sie verfolgen mich und kleben doch irgendwie immer am Boden, kommen nicht weiter. Einmal hatte ich einen besonders bösen Traum, da hat sich eine Schlange um meine Füße geschlungen und dann ist ein Tiger gekommen ... Echt schlimm!«

»Ich geh nicht gern ins Freie, wenn es dunkel ist. Da denke ich immer, hinter den Bäumen lauern Füchse oder Wölfe. Das ist unheimlich. Aber wenn ich ganz laut singe, bekommen die Füchse sicher Angst und laufen davon«, meint der fünfjährige Andreas, der sich seit der Geburt seiner Schwester Miriam im Kindergarten besonders wild verhält und auch zu Hause ein »wilder Kerl« ist.

»Als ich noch kleiner war habe ich Angst vor Gespenstern gehabt, und am Ende der Kindergartenzeit habe ich vor den Großen in der anderen Kindergruppe Angst gehabt, die haben mich immer gehänselt und

Abbildung 3: »Ich hab Angst vor dem Räuber!«

Abbildung 4: Gespenster sind unheimlich

waren ekelhaft zu mir. Jetzt habe ich noch immer Angst vor bösen Träumen und davor, dass Mama einen Autounfall hat. Manchmal habe ich Angst, entführt zu werden. Wenn ich was von Krieg und Katastrophen höre, macht das schon Angst – aber die ist irgendwie weiter weg, nicht so nah bei mir wie die Angst, dass Mama was passieren könnte«, erzählt der siebenjährige Max.

»Ich hab oft Angst, allein zu sein und dann ist es gut, wenn ich weinen kann. Das ist das Gute an der Angst, dass man dann einfach weinen kann und alles herausweinen kann, was schwer ist und Sorgen macht und was man doch keinem erzählen kann«, sagt Fanny, die mit sechs Jahren die Scheidung ihrer Eltern erlebt hat.

»Ich habe Angst, dass meinem Opa bei der Operation was passiert!«, sagt der neunjährige Markus und malt seinen Opa auf dem Operationstisch.

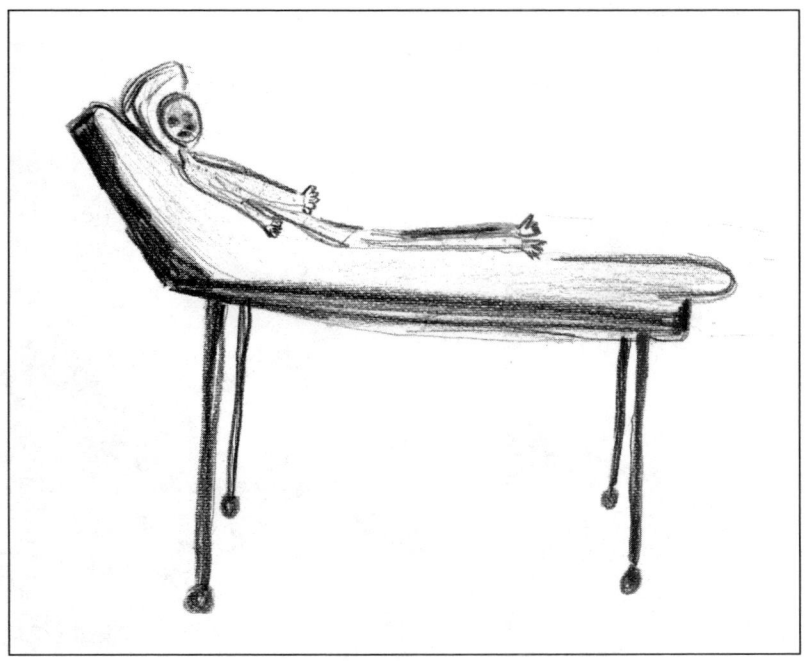

Abbildung 5: »Ich habe Angst um Opa.«

»Mein Papa ist gestorben. Da war ich noch im Kindergarten. Er war sehr, sehr krank und die Ärzte haben ihm nicht helfen können. Ich glaube, Papa ist jetzt im Himmel ganz nah bei der Sonne, da muss er nicht so frieren! Am Abend schau ich immer zu den Sternen, da muss doch Papa irgendwo sein ... Ich mag nicht einschlafen ... Mama hat mir eine Sternenlampe geschenkt, die darf ich brennen lassen«, erzählt Benedikt, der nach dem Tod seines Vaters mit seiner Mutter und seiner zweijährigen Schwester in dem Haus lebt, das die junge Familie kurz vor der Erkrankung des Vaters bezogen hat. Er hat große Angst vor der Dunkelheit.

»Ich habe Angst, dass einmal gar nichts mehr von der Welt übrig bleibt. Vielleicht eine riesig große Welle, oder ein Erdbeben, oder die Erde verschlingt uns Menschen einfach alle. Die vielen Menschen, die da sterben müssen – das macht mir immer Angst, wenn ich von den Katastrophen im Fernsehen höre. Es ist schon weit weg, aber ich bin mir nicht ganz sicher, ob das nicht auch alles bei uns passieren kann. Da möchte ich dann nicht leben. Nein, so ganz allein übrig bleiben, davor hab ich Angst ...« – die 10-jährige Lissa macht sich nach einem Katastrophenbericht im Fernsehen ihre Gedanken.

Abbildung 6: Angst vor Katastrophen

44

Teil 2: Was Kinderseelen belastet und wie Eltern helfen können

1. Von den kleinen und großen Abschieden: »Lass mich nicht allein!«

Abschiede ziehen sich durch das Leben eines jeden Menschen von der Geburt bis zum Tod. Sie sind zum einen wichtige Voraussetzung für Entwicklung, Weiterkommen, Veränderung, zum anderen bringen sie immer auch Verunsicherung, seelischen Schmerz und Angst mit sich. Bereits der Beginn des Lebens stellt einen großen Abschied dar, es ist der Abschied von einer Welt, in der auf wunderbare Weise für das heranwachsende Kind gesorgt wurde. In rosa Licht getaucht und durch die Bewegungen der Mutter sanft geschaukelt, verbringt es die ersten vorgeburtlichen Monate in einem paradiesähnlichen Zustand. Der Verlust dieses Nirwanas wird in der einschlägigen Literatur auch als Geburtstrauma bezeichnet und verweist auf die Tatsache, dass die Geburt der Beginn einer mehr oder weniger dramatischen Verlustgeschichte ist.

Der Ruf »Lass mich nicht allein« steht symbolisch bereits an der Schwelle zum Leben, und in der Tat sind neugeborene Kinder ganz auf die Unterstützung ihrer Umwelt angewiesen. Dieser Hilfeschrei nach Unterstützung, Trost und Zuwendung wird die Kinder auf ihren weiteren Schritten ins Leben begleiten und ihre Umwelt immer wieder zu Hilfestellungen aufrufen. Die Situationen, in denen Unterstützung gebraucht wird, werden sich jedoch mit fortschreitendem Alter verändern. Steht zu Beginn noch das Einüben in die täglich notwendigen Abschiede, die ein Kinderalltag mit sich bringt – z. B. beim abendlichen Zubettgehen –, so werden nach und nach länger anhaltende Trennungen bewältigt werden müssen. Auch an Ereignisse ist zu denken, die direkt von Verlusten geprägt sind und oft einen endgültigen Abschied oder weitreichende Veränderungen nach sich ziehen, wie z. B. der Wegzug von Freunden in eine andere Stadt oder der Tod des Großvaters.

Welche alltäglichen Trennungen können bei Kindern Ängste aus-

lösen und welche Hilfestellungen sind möglich? Situationen, in denen
es um Abschied, um Loslassen und eine notwendige Umstellung oder
Neuorientierung geht, bergen den Keim von Angst und Unsicherheit
in sich. Dabei muss es sich keineswegs um tief einschneidende Ereignisse handeln. Gerade im Umgang mit den kleinen notwendigen
Abschieden kann das Kind lernen, mit unterschiedlichen Gefühlen
fertig zu werden, und wird eigene Möglichkeiten der Angstbewältigung entdecken. Die Fähigkeit zum sogenannten »abschiedlichen
Leben« wird immer wieder als wichtiger Garant für seelische Gesundheit gesehen. Der Grundstein dafür wird in der Kindheit gelegt. So
erweisen sich Hilfestellungen der Eltern, die den Kindern einen guten
Umgang mit Abschieden ermöglichen, als wichtige Lebenshilfen. Einige Beispiele aus dem Kinderalltag sollen im Folgenden zur Sprache
kommen, bei denen es um das Thema Abschied geht.

Abschied von vertrauten Menschen

In den ersten Lebensjahren gehören viele kleine Abschiede zum Leben
des Kindes und signalisieren sein Heraustreten aus der jeweils zu eng
werdenden Welt eines bestimmten Alters. So wichtig eine enge Bindung an eine liebende und Fürsorge gewährenden Person ist, so dringend muss das Kind in der Lage sein, sich von diesem Menschen zu
trennen, und eigene Wege zu gehen. Das ist immer wieder schmerzhaft und kann zu Ängsten führen. Mit dem Augenblick, in dem das
Gesicht der Mutter oder eines anderen Menschen als einzigartig und
vertraut wahrgenommen werden kann, setzt beispielsweise schon die
Angst ein, all dies zu verlieren, was damit verbunden wird: Zuwendung, Trost, Quelle der Lust und Freude. Wie sehr die kindlichen Reaktionen, aber auch ihre Möglichkeiten, mit Abschieden umzugehen,
vom Entwicklungsstand abhängen, wurde bereits in Teil 1, Kapitel 2
(S. 19 ff.) beschrieben. Hier sei ausführlicher auf Abschiedssituationen
eingegangen, die gleichsam von außen auf das Kind zukommen und
nicht so sehr im Zentrum der Entwicklungsdynamik selbst stehen. An
welche Situationen ist zu denken? Wodurch können Trennungsängste ausgelöst werden?

> **Trennungsängste können z. B. ausgelöst werden durch:**
>
> - längere ununterbrochene Abwesenheit der Mutter / des wichtigsten Ansprechpartners,
> - (Wieder)Aufnahme der Berufstätigkeit der Mutter,
> - Besuch von Spielgruppen oder Kindergarten,
> - der Schulanfang.

Auf die spezielle Situation bei längerer Erkrankung der Mutter oder anderer Familienmitglieder, bei Todesfällen oder bei Scheidung der Eltern wird in Teil 2, Kapitel 2 und 3 (S. 65 ff. und 86 ff.) noch näher eingegangen.

Neben der konkreten sozialen Situation der Familie spielt das Alter des Kindes eine große Rolle. Bis etwa zum sechsten Monat ist es für das Kind »lediglich« wichtig, dass es verlässlich und gut versorgt wird, dass es die Anregungen bekommt, die für seine Entwicklung nötig und gut sind, und dass insgesamt eine entspannte und gute Atmosphäre vorherrscht. Erst mit der zunehmenden Fähigkeit, zwischen bekannt und fremd zu unterscheiden, taucht auch die Angst vor einer möglichen Trennung von den vertrauten Menschen auf. In der Zeit zwischen etwa einem halben und vier Jahren ist es besonders schwierig, mit Trennungen gut klar zu kommen. Zum einen weiß das Kind, wer es betreut, von wem es versorgt, geliebt und unterstützt wird, zum anderen ist es noch nicht in der Lage, im Falle einer Abwesenheit dieser Personen mit Hilfe innerer Bilder und Vorstellungen die Durststrecke Trennung zu überwinden.

Der englische Arzt und Psychoanalytiker John Bowlby (1907–1990) hat sich in seinen Arbeiten speziell mit dem Thema der Beziehung zwischen Mutter und Kind beschäftigt und auf die Bedeutung der sogenannten Bindung des Kindes an die Mutter als Urquelle jeder Form von Bindungs- und Beziehungsfähigkeit des Menschen hingewiesen. Seinen Beobachtungen zufolge, die auch durch neuere Forschungen bestätigt wurden, gibt es im Falle längerer Trennungen von der Mutter oder der Hauptbezugsperson bei Kindern bis etwa zum vierten Lebensjahr ein bestimmtes Reaktionsmuster. Zuerst protestiert das Kind heftig auf die Trennung, es ist zornig, wütend, schreit und schlägt um sich. Gleichzeitig glaubt es tief in seinem Herzen, dass die vermisste Person bald zurückkommen wird. Doch in diesem Alter können Kinder nur über eine kurze Zeitspanne hinweg die inneren Bilder der vermissten Menschen aufrechterhalten, die ihnen Gefühle von Geborgenheit und Sicherheit vermitteln. Bei einer Trennung über einen Zeitraum von mehreren Tagen verblassen schon bald die Erinnerungsbilder und das Kind fühlt sich von der geliebten Person im Stich gelassen, wird immer apathischer, stiller und freudloser. Es wirkt matt und fast ein bisschen melancholisch. Fremde oder weniger bekannte Personen werden nicht mehr – wie in den Stunden und Tagen des Protests – prinzipiell weggestoßen und abgelehnt. Die Kinder werden auf der einen Seite zwar »pflegeleichter«, auf der anderen Seite bleiben sie oft noch längere Zeit bemerkenswert still oder ängstlich angespannt. Bei der Wiederkehr der Mutter oder einer anderen engen Bezugsperson kann es vorkommen, dass sich das Kind zu ihr wie zu einem fremden Menschen verhält. Diese zurückhaltende Reaktion – bis hin zu einem scheinbaren Nichtwiedererkennen – löst sich erst allmählich und nur zögernd kehrt die alte Vertrautheit zurück.

Damit die im Laufe jeder Entwicklung notwendigen Trennungen gelingen können, sind von den ersten Lebensmonaten an nach und nach folgende Punkte zu berücksichtigen:

- Aufbau und Festigung einer sicheren Bindung an eine sogenannte Hauptbezugsperson in den ersten Wochen und Monaten (*»Mama ist für mich da«*),
- Wecken und Unterstützen der Neugierde des Kindes an seiner Umwelt (*»Die Welt ist aufregend und interessant!«*),
- Unterstützung der Selbstständigkeitsbestrebungen des Kindes in vertrauter Umgebung (*»Ich kann das schon allein!«*),
- Gefühl der Sicherheit und Geborgenheit in Menschen und Orte fördern (*»Ich bin auch gern bei Oma und bei der Tante in ...«*),
- Sukzessive Erweiterung des sozialen Gefüges und Hilfestellung beim Aufbau alternativer Beziehungen (*»In der Spielgruppe ist es lustig!«*),
- Einüben in kleine Trennungssituationen unter Zuhilfenahme von Ritualen, kindgerechten »Abmachungen« und bildhaften Gedächtnisstützen (*»Wenn der große Zeiger einmal rum ist, kommt Mama wieder!«*),
- Vorbereitung auf konkret anstehende Trennungen (*»Viermal Schlafen, dann fahre ich mit Papa zur Oma.«*).

Was Eltern tun können: Anregungen und Hilfestellungen

Wie können nun konkrete Hilfestellungen aussehen, die es dem Kind und somit auch den Eltern leichter machen, Abschieden und Trennungen gelassener zu begegnen?

• *Verlässliche Betreuungsalternativen:* Das Leben mit einem kleinen Kind erfordert nicht nur viel Zeit, sondern auch eine hohe innere Präsenz. Das kann leicht zur Erschöpfung und zu einem Zustand permanenter Übermüdung führen. Da ist es wichtig, sich von Anfang an Menschen zu suchen, die bereit sind, hin und wieder einige Stunden beim Kind zu sein. Dies hat nicht nur für die Mutter oder die Eltern einen großen Erholungseffekt und stärkt die Beziehung der Eltern zueinander, sondern erweitert auch den sozialen Horizont des Kindes. Nach und nach wird es so – seinem Alter entsprechend – auch zu anderen Menschen Beziehungen aufbauen und fühlt sich nicht gleich verlassen und elend, sobald seine Eltern einmal abwesend sind. Voraussetzung für diese Verankerung des Kindes in der Beziehung zu alternativen Betreuungspersonen ist jedoch, dass die Eltern auch bereit sind, einen Schritt zurückzutreten, und anderen Menschen eine Chance einräumen, Kontakt zum Kind aufzubauen. Das bedeutet auch, dass Eltern sich in einer gewissen Toleranz üben müssen. Kinder lernen schnell, was sie bei wem tun und lassen müssen, und sie können gut zwischen einem »Mama-, Papaverhalten« und einem »Oma-, Tagesmama- oder Tanteverhalten« wechseln – ohne dabei Schaden zu nehmen!

Klara beispielsweise hat sehr rasch gelernt, dass sie bei ihrer Tagesmutter ihre Spielsachen immer aufräumen muss, bevor es zum Mittagessen geht – zu Hause gelten andere Regeln und Klara hüpft am Wochenende direkt vom Spiel zum Mittagstisch. Versuche der Mutter, diese gute Gewohnheit von der Tagesmutter auch zu Hause einzuführen, stoßen auf heftigen Widerstand. Anton wiederum legt sich bei seiner Oma nach dem Essen immer ein bisschen hin und scheint die Ruhezeit zu genießen – zu Hause will er von diesem Ritual nichts wissen und drängt sofort zum Spielen hinaus in den Garten.

- *Geplantes Vorgehen:* Je einschneidender die anstehenden Veränderungen sind, desto eher sollte man daran gehen, die einzelnen Schritte zu planen. Dies gilt z. B. bei einem bevorstehenden Krankenhausaufenthalt der Mutter bzw. des Vaters oder bei der Frage nach der Wiederaufnahme oder Aufnahme einer geregelten Arbeit der Mutter oder des Vaters nach der Karenzzeit. Die Vorbereitungen treffen sowohl organisatorische Fragen als auch das seelische Einstimmen auf beiden Seiten.

Wichtig dabei ist:

- dass ein Betreuungsplan erstellt wird, bei dem auch »Reserven« mit berücksichtigt werden falls jemand durch Krankheit o. Ä. ausfällt *(»Genügend großes und verlässliches Betreuungsnetz«),*
- dass die Kinder die Gelegenheit zum »Einüben« bekommen und nicht gleich funktionieren müssen *(»Nicht erst am Tag X mit der Fremdbetreuung beginnen«),*
- dass die Kinder die fremde Umgebung erkunden können und Vertrautes von zu Hause mitnehmen können *(»Mein Kuschelhase ist bei mir«),*
- dass gemeinsam Abschiedsrituale gefunden werden *(»Drei Küsschen auf die rechte Wange – drei Küsschen auf die linke Wange ...«),*
- dass die Eltern kein schlechtes Gewissen haben, wenn sie ihr Kind jemandem anderen anvertrauen *(»Wir sind keine Rabeneltern, wenn wir eine Fremdbetreuung in Anspruch nehmen«),*
- dass Eltern sich selbst klar und deutlich verabschieden können *(»Ich gehe jetzt und du bleibst hier«).*

- *Pflege von Gemeinsamkeiten:* In den Zeiten, die das Kind im Schoß seiner Familie verbringen kann, sollten die Eltern auf gemeinsame Aktivitäten achten. Zusätzlich ist es gut, wenn Zeit und Gelegenheit gegeben wird, von den Erlebnissen »draußen« zu berichten und Mama und Papa an den Erfahrungen mit anderen Menschen teilhaben zu lassen. Kinder sind in der Regel mitteilsam und brauchen die Aufmerksamkeit der Eltern, die ihnen zeigt, dass sich jemand für sie ehrlich interessiert. Manchmal ist es auch notwendig, Unerfreuliches loszuwerden, Fragen zu stellen und sich der Liebe der Eltern zu versichern. Spiele, Ausflüge, gemeinsame Mahlzeiten oder Gespräche stärken das Zugehörigkeitsgefühl und geben dem Kind Kraft. Dabei ist nicht so sehr die Dauer als vielmehr die Qualität der Kontakte wichtig.

Eine gute Möglichkeit, Gemeinsamkeit zu fördern und gleichzeitig bestimmte Themen in kindgerechter Form anzubieten, stellt das Anschauen von Bilderbüchern dar. Hier kann man sich im einschlägigen Fachhandel beraten lassen. Es ist sinnvoll, die Bilder- und Geschichtenbücher zuvor selbst einmal durchzulesen und sich mit den Inhalten vertraut zu machen, bevor man sie gemeinsam mit dem Kind anschaut. Inhalt und Form sollen mit den eigenem Geschmack und den eigenen Wertvorstellungen übereinstimmen. Auch Erzählungen, Märchen oder selbst erdachte Geschichten eignen sich gut für sogenannte »stille Stunden« der Gemeinsamkeit und Geborgenheit:

> Die fünfjährige Sarah fühlt sich besonders wohl, wenn sie sich eng an ihren Vater schmiegt und langsam Blatt für Blatt ihres Bilderbuchs »Oh wie schön ist Panama«[2] anschaut. Dabei vergräbt sie ihr kleines Händchen in der großen Hand des Vaters und kann nicht oft genug die Antworten auf ihre Frage: »Und was machen sie jetzt?« hören. Bis zur letzten Seite folgt Sarah erwartungsvoll dem Geschehen. Dann schließt sie das Buch und kuschelt sich ganz fest in die Arme ihres Vaters ... Die Kleine wird nicht müde, immer wieder dieses Bilderbuch hervorzuholen und mit ihrem Papa anzuschauen – viele Wochen lang.

• *Informationen einholen und Einüben der neuen Situation:* In vielen Situationen stellt ein Abschied gleichzeitig auch einen Neubeginn dar. Dies zeigt sich bei Kindern sehr deutlich, wenn es um den Übergang in eine Spielgruppe, in den Kindergarten und später dann in die Schule geht. Die dabei notwendigen Trennungen können in aller Regel gut gemeistert werden. Die Fortschritte in der sozialen, emotionalen und geistigen Entwicklung haben im Laufe der ersten Jahre zu einer Stabilisierung des Kindes geführt und es fähig gemacht, weitere Schritte hinaus ins Leben zu machen. Dennoch sind dies Zeiten gesteigerter Empfindsamkeit und können zu Rückschritten oder Schwierigkeiten führen. In jedem Fall sollte man dem Kind die Möglichkeit geben, sich auf die neue Situation, die sich aus dem Eintritt in eine Spielgruppe oder in die Schule ergibt, einzustellen. Es bietet sich an, den Weg zum Kindergarten oder zur Schule öfter gemeinsam zu gehen, das Gebäude anzuschauen und bei einem Besuchstag ein bisschen Kindergartenluft zu schnuppern. Kindgemäß aufbereitete Informationen über die

Rahmenbedingungen und den Ablauf eines Kindergartentags können zu wichtigen Orientierungshilfen werden. Fragen oder ausgesprochene Befürchtungen müssen in jedem Fall angehört und nicht beiseite geschoben werden. Zusätzlich können Anregungen zu kreativen Formen der Auseinandersetzung sowie das Entwickeln von Abschiedritualen helfen, die Wogen ängstlicher Spannung im Vorfeld zu glätten.

Während der Besuch eines Kindergartens auf Freiwilligkeit beruht und noch keine gezielten kognitiven Leistungsanforderungen an das Kind stellt, ist der Eintritt in die Schule ein Schwellenereignis, welches durch seine Verbindlichkeit und Anforderungen in deutlicher Abgrenzung zur Familie steht. Die Einschulung ist daher sowohl für das Kind als auch für die Eltern ein besonderer Einschnitt. Hier sind klare Informationen für beide Seiten besonders hilfreich. Sie können sich beispielsweise auf den Ort der Schule, das Gebäude, den Schulweg oder den voraussichtlichen Stundenplan beziehen. Die meisten Schulen bieten bei einem »Tag der offenen Tür« die Gelegenheit, einen Blick hinter die Kulissen zu werfen. Ein solcher Besuch kann Unsicherheiten reduzieren und stellt mit den konkreten Sachverhalten – wie Datum des ersten Schultags, Uhrzeit des Unterrichtsbeginns u. Ä. – ein positives Gegengewicht zu manchmal ausufernden Fantasien und falschen Vorstellungen. Spezielle Ängste der Kinder im Zusammenhang mit dem Kindergarten und der Schule werden in Teil 2, Kapitel 4 und 5 (S. 104 ff. und 120 ff.) noch näher besprochen.

• *Klärung persönlicher Gedanken und Gefühle:* Schließlich sei noch auf die Einstellungen, Gedanken und Gefühle der Eltern in Bezug auf die bevorstehende Trennung vom Kind hingewiesen. Kinder haben einen »sechsten Sinne« und können auf elterliche Unsicherheiten mit erhöhter Anspannung und Ängstlichkeit reagieren. So stolz Eltern auch sind, wenn sich die Kleinen langsam abnabeln und ihren eigenen Weg finden, so ist dies immer auch mit ein bisschen Wehmut verbunden. Manchmal gesellen sich auch Befürchtungen, Sorgen, schlechtes Gewissen oder ängstliche Fragen hinzu. Oft fühlen sich Eltern speziell beim Eintritt ihrer Kinder in die Schule mit einem Schlag selbst auf dem Prüfstand. Hier sind Kontakte mit anderen Eltern ebenso hilfreich wie das eine oder andere Gespräch mit den betreuenden Pädagogen (vgl. Teil 2, Kapitel 5, S. 125). Je vertrauensvoller Eltern ihre Kinder in die Welt entlassen, desto eher können kindliche Schwellenängste überwunden und ein positiver Zugang zu neuen Erfahrungs- und Erlebnisräumen gefunden werden.

Was bei Trennungssituationen hilft:

• verlässliche Betreuungsalternativen,
• geplantes Vorgehen,
• Pflege von Gemeinsamkeiten,
• Informationen einholen und Einüben der Situation,
• Klärung persönlicher Gedanken und Gefühle.

An der Schwelle zur Nacht

Wenn ein erlebnisreicher Tag zu Ende geht, wenn die Vorhänge zugezogen, das Licht ausgemacht und der letzte Gute-Nacht-Kuss auf die Wange des Kindes gedrückt wird, dann muss das Kind allein in die Dunkelheit und das Reich des Schlafes eintauchen. Dieser Übergang vom Hier zum Dort, vom lebendigen Tag zur stillen Nacht, ist etwas Besonderes und kostet das Kind Anstrengung, Kraft und manchmal auch eine Portion Mut. Das Kind muss sehr viel zurücklassen und aufgeben, wenn es sich in sein Bettchen zurückzieht: Es kann sich für längere Zeit nicht mehr der Liebe und Zuwendung vertrauter Menschen konkret rückversichern, es muss die mühsam eroberte Kontrolle über seine Kinderwelt aufgeben, aufregende Spielsachen und Spiele zurücklassen und sich von Spielgefährten, Geschwistern oder Haustieren verabschieden. Umso wichtiger ist es, den Übergang vom Wachen zum Schlafen bewusst zu gestalten.

Wenn die Schlafenszeit naht, ist es gut, auf folgende Punkte zu achten:

• Das Kind soll zur Ruhe kommen können,
• Vermeiden allzu aufregender Spiele, Herumtoben und anderer »wilder« Aktivitäten,
• gemeinsames Zusammensein beim Abendessen,
• Angebot, den Tag in Gedanken Revue passieren zu lassen,
• Hervorheben jener Dinge, die dem Kind gut gelungen sind,
• versöhnliche Haltung und Verzicht auf allzu große Strenge,
• gemeinsames Entwickeln von Ritualen.

Der achtsame Umgang mit dem Übergang vom Wachen zum Schlafen erleichtert dem Kind den Abschied vom Tag und schafft Brücken in die Welt des Schlafs. Auch die mit dem Alter zunehmende Fähigkeit des Kindes, sich von den Eltern und anderen vertrauten Menschen am Abend verabschieden zu können und gleichzeitig sicher zu sein, dass sie auch in der Nacht da sind, erleichtert den Schritt vom Tag in die Nacht. Dennoch gehört die Angst in der Nacht zu den häufigsten Kinderängsten. Es ist die spezielle Mischung aus einer notwenigen Trennung von den geliebten Menschen und den vertrauten Situationen des Tages und einer Scheu und Unsicherheit vor der Dunkelheit der Nacht, die Kindern Angst macht.

Was Eltern tun können: Anregungen für Hilfestellungen

Viele Eltern fühlen sich verunsichert und äußern Sorgen, weil sie mit der Situation am Abend nicht so gut klar kommen. Sollen sie nun so lange am Bett ihres Kindes sitzen, bis es eingeschlafen ist? Wie viele Geschichten braucht das Kind? Soll man ein Licht brennen lassen oder die Tür einen Spalt offen halten? Muss man auf leisen Sohlen durch die Wohnung schleichen oder verkraften die einschlafenden Kinder den normalen Lärm? Und was soll man tun, wenn die Kinder aus ihrem Bettchen steigen und ins elterliche Bett schlüpfen wollen? Allgemeingültige Rezepte wird es – wie in allen anderen Erziehungsfragen auch – nicht geben können. Dazu sind die Eltern mit ihrer eigenen Geschichte, ihren Einstellungen und Erfahrungen zu unterschiedlich. Und auch die Kinder selbst sind nicht über einen Kamm zu scheren. Die folgenden Anregungen können demnach für Eltern nur erste Orientierungshilfen sein, um ihren eigenen Weg im Umgang mit der konkreten Situation zu finden.

• *Geregelter Ablauf der Abendaktivitäten:* Am Ende eines langen und aufregenden Kindertages sollte darauf geachtet werden, dass nicht alles »aus den Fugen gerät«. Eine klare Zeitstruktur und ein geregelter Ablauf des »Abendprogramms« helfen, den Tag ausklingen zu lassen. Viele Kinder versuchen, möglichst lange den Marsch ins Bett hinauszuzögern und viele Eltern lassen sich darauf ein. In den allermeisten Fällen tut man dem Kind damit aber keinen Gefallen, und viele Bitten um »nur« noch *eine* Geschichte, »nur« noch *ein* Glas Wasser oder »nur« noch *einen* Gutenachtkuss enden in gereizter Stimmung auf Seiten der Eltern und mit Tränen bei den Kleinen. Gelingt es jedoch, sich für die letzte Zeit des gemeinsamen Tages bewusst Zeit zu nehmen, sie mit dem Kind und für das Kind zu gestalten und sich dann klar und entschieden zurückzuziehen, kann die Schwelle zur Nacht leichter überwunden werden. Das Kind spürt dadurch die Sicherheit der Eltern, die ihm durchaus zutrauen, mit dem Einschlafen, der Dunkelheit und all den Gedanken und Gefühlen, die sich am Abend einstellen, zurechtzukommen.

• *Kuscheltiere und andere Tröster:* Schon für das ganz kleine Kind ist es eine große Hilfe, wenn es ein Kuscheltier, eine Puppe oder einen anderen weichen Gegenstand hat, der ihm zur Seite steht. Damit kann es den Übergang von den Armen der Mama hin zum Alleinsein im eigenen Bettchen leichter schaffen – man spricht in der psychologischen Fachsprache auch von einem »Übergangsobjekt« (vgl. Teil 1, Kapitel 2, S. 27 ff.). Man kann das Kind zwar darin unterstützen, sich einen »Tröster« mit ins Bett zu nehmen, doch in aller Regel findet sich das Kind selbst seinen Helfer. Das ist eine tolle Leistung für ein kleines Kind, setzt aber bei den Eltern voraus, dass sie ihm zutrauen, dass es sich selbst helfen kann. Beim ersten Kind ist es für die meisten Eltern noch sehr schwer, sich entschlossen zurückzuziehen, und so kommt es oft vor, dass die Kinder einen Körperteil der Eltern – die Locken der Mutter zum Beispiel oder das Ohrläppchen des Vaters – als »Tröster« nehmen, statt sich ein echtes »Übergangsobjekt« zu suchen. Erschöpfte und übermüdete Eltern, die kaum noch gemeinsame Abende miteinander verbringen, sind oft die Folge dieser falsch verstandenen Hilfestellung. Da die »Tröster« ja auch bei Tag wichtige Helfer für die Überwindung von Abschieden aller Art sind, wird das Kind im Laufe der Zeit bestimmt ein Tier, eine Puppe oder einen anderen Gegenstand finden, der dann über kurz oder lang an die Stelle der mütterlichen Haare oder eines anderen elterlichen Körperteils treten kann.

• *Gedämpftes Licht:* Für den Menschen ist der Sehsinn eine ganz wichtige Quelle zur Orientierung. Und so ist es auch nicht verwunderlich, dass Dunkelheit immer auch Unsicherheit auslöst. Auch Kinder fühlen sich in der Dunkelheit der Nacht nicht mehr so sicher und geborgen wie bei Tageslicht. Dazu kommen noch verschiedene Ängste, die mit dem Erleben der Dunkelheit an sich zusammenhängen (vgl. Teil 1, Abschnitt 2, S. 29 ff.). Viele Kinder sind sehr beruhigt und haben bedeutend weniger Probleme mit dem Einschlafen, wenn man ein kleines Lämpchen mit gedämpftem Licht brennen lässt oder die Tür einen Spalt offen hält. Das Kind hat so die Möglichkeit, sich immer wieder durch das Öffnen der Augen rückzuversichern, dass die Möbel in seinem Zimmer noch an Ort und Stelle sind, dass seine Stofftiere alle bei ihm sitzen, dass der Vorhang zugezogen ist oder das Schutzengelbild noch über dem Bett hängt. Auch kann dadurch der Prozess der langsamen Gewöhnung an die »Welt bei Nacht« erleichtert werden. Bei älteren Kindern kann man auf das Nachttischchen eine Lampe mit gedämpfter Lichtquelle stellen, die das Kind bei Bedarf selbst einschalten kann – denn auch bei Schulkindern spielt das Thema Angst und Dunkelheit immer wieder eine Rolle, auch wenn es nicht offen angesprochen wird.

• *Vertraute Geräuschkulisse:* Die Nacht bringt nicht nur Dunkelheit mit sich, sondern auch eine Veränderung der gewohnten Geräuschkulisse. Was bei Tag als Hintergrundgeräusch das Spielen des Kindes begleitet hat, wird bei Nacht zu etwas ganz Besonderem – mit einem Mal hört sich das Quietschen der Straßenbahn bedrohlich an, das Knarren der Kellertreppe scheint durchs ganze Haus zu dröhnen und der tropfende Wasserhahn verwandelt sich in das Rauschen herabströmender Wassermassen. Der Klang vertrauter Stimmen der Familienmitglieder wirkt beruhigend auf das einschlafende Kind, und so ist es auch nicht notwendig, besonders leise zu sein, wenn die Kleinen ins Bett gegangen sind. Anders ist dies bei Fremdgeräuschen z. B. aus Fernsehsendungen wie etwa heftige Schießereien, spitze Schreie oder lautes Lachen. Hier ist es sinnvoll, die Lautstärke zu drosseln. Eine andere Form von beruhigenden und einschlaffördernden Tönen bieten Spieluhren. Im einschlägigen Fachhandel gibt es sie meist verpackt in weichen Plüsch unterschiedlichster Formen – als Mond, als singender Bär oder als Stern.

Abends frag ich meine Mutter

Abends frag ich meine Mutter
Heimlich nach dem Glockenläuten,
wie ich mir die Tage deuten
und die Nacht bereiten soll.

Tief im Grund verlang ich immer
Alles restlos zu erzählen,
in Akkorden auszuwählen,
was an Klängen mich umspielt.

Leise lauschen wir zusammen:
Meine Mutter träumt mich wieder,
und sie trifft, wie alte Lieder,
meines Wesens Dur und Moll.

Ingeborg Bachmann

Die Welt der Träume kann Angst machen

Auch wenn es den Eltern gut gelingt, ihren Kinder den täglich notwendigen Abschied vom Tag und den Übergang in die Welt der Dunkelheit und Träume zu erleichtern, so ist und bleibt die Nacht häufig eine angstbesetzte Zeit. Neben Einschlafängsten, die eng mit der Angst vor der Dunkelheit zusammenhängen, spielen Angstträume und der sogenannte Nachtschreck eine Rolle. Eltern wissen häufig davon zu berichten, dass ihr Kind mitten in der Nacht vor ihrem Bett auftaucht und mit verschlafener Stimme murmelt: »Ich hab was Schlimmes geträumt ...« Und sie fragen sich, warum ihr Kind Albträume hat, ob etwas nicht in Ordnung sei oder ob sie etwas falsch machen. Grundsätzlich sind Träume gut. Sie erfüllen wichtige Funktionen bei der Verarbeitung der Tageserlebnisse und sind eine Identitätsstütze in der Nacht. Durch die Traumaktivitäten werden die Nervenverbindungen auch im Schlaf aktiviert und instand gehalten. Träumen ist demnach eine äußerst wichtige Gehirntätigkeit. Hirnforscher vertreten die Meinung, dass ein gesunder Mensch träumen muss.

Trotz aller biophysiologischer Erklärungen ist und bleibt der Bereich der Träume etwas Geheimnisvolles, das Menschen zu allen Zeiten fasziniert hat und gleichzeitig viele Fragen aufwirft. Lange bevor mit der Erforschung des Gehirns ein neurowissenschaftlicher Zugang gefunden wurde, siedelte man Träume im Reich der Mythologie an. Götterbotschaften sollten beispielsweise über Träume zu den Menschen gelangen und ihnen Warnungen, Anweisungen und Prophezeiungen bringen. Die geheimnisvolle Sprache der Träume hat auch Künstler immer wieder angeregt und zu fantastischen Darstellungen inspiriert. Psychoanalytische Schulen und deren Vertreter – hier seien besonders Freud und Jung genannt – verstehen Träume als Mitteilungen des Unbewussten an den Träumenden selbst. Vieles, was im Wachzustand keinen Platz hat, verdrängt, weggeschoben oder »übersehen« wird, bahnt sich dann in der Nacht einen Weg und wird einer Verarbeitung zugeführt. So können Wahrnehmungen und Probleme des Tages geordnet, strukturiert oder auch bearbeitet werden, indem der Traum schöpferische Impulse zur Problemlösung vermittelt. Unterschiedliche Auslöser kommen für unangenehme, bedrohliche oder gar ängstigende Träume bei Kindern in Frage. An erster Stelle stehen aufregende Erlebnisse, die das Kind sehr beschäftigen, aufwühlen oder die nicht wirklich verstanden werden. Neben den real erlebten Ereignissen ist in diesem Zusammenhang auch an Inhalte von Geschichten und Filmen zu denken, die besonders dann noch lange »nacharbeiten« können, wenn sie zu später Stunde am Abend angesehen oder angehört werden und keinen guten Ausgang haben. Doch auch ganz banale Geräusche, die durch das Wegfallen der Geräuschkulisse des Tages deutlicher hervortreten, sind in der Lage, schlechte Träume auszulösen. Schließlich ist noch an Empfindungen zu denken, die durch bestimmte Prozesse im Körper ausgelöst werden, wie zum Beispiel eine verstopfte Nase bei einem Schnupfen, ein zu voller Bauch nach einem zu ausgiebigen Abendessen oder das Brennen eines aufgeschlagenen Knies. So sind schlechte Träume durchaus nicht nur Ausdruck schwerer kindlicher Probleme, wie es von vielen Eltern befürchtet wird. Solange Angstträume nicht mehrmals in der Woche über einen längeren Zeitraum hin auftauchen, deuten sie nicht zwangsläufig auf spezielle Probleme des Kindes hin.

Typische Angstträume von Kindern ranken sich um:

• Verfolgtwerden,
• Fallen,
• etwas/jemanden verlieren.

In diesen Inhalten spiegeln sich zum einen jene Themen wieder, die auf Grund der speziellen Entwicklungssituation für alle Kinder mehr oder weniger bedeutsam sind. Zum anderen werden sie entsprechend der jeweiligen Situation des Kindes sehr persönlich ausgeformt und gestaltet.

Daniel, der vor einigen Wochen in den Kindergarten kam, träumt beispielsweise immer wieder, dass er von einem großen Bären verfolgt wird. Er kommt oft ans Bett seiner Eltern und lässt sich trösten. Seine Bären-Albträume lassen erst nach, als er sich im Kindergarten gut eingelebt hat und vor den älteren Jungen aus der Gruppe keine Scheu mehr hat. Die siebenjährige Anja wiederum fühlt sich in ihren Angstträumen von einem großen schwarzen Adler bedroht, der ihr überallhin nachfliegt und wie ein drohendes Unheil über ihr schwebt. Anjas Eltern leben in Scheidung, und die bevorstehende Trennung vom Vater lastet schwer auf Anjas sonst so fröhlichem Gemüt, doch sie spricht kaum darüber. In ihrem Traum findet Anja eine besondere Form der Sprache. Bei Tag versucht sie dann, den schwarzen Traum-Adler aufzumalen. In den folgenden Wochen ist sie sehr mit diesen Bildern beschäftigt, die ihr erlauben, sich mit der Situation auf ganz eigene Weise auseinanderzusetzen.

Durch die eine oder andere Maßnahme ist es möglich, die belastende Situation rund um die schlechten Träume und die unruhigen Nächte zu entschärfen. Wie können Eltern konkret helfen?

• *Vorbeugende Maßnahmen:* Angstträume gehören bis zu einem gewissen Grad in jedes Kinderleben, und doch kann man im Vorfeld einiges dazu beitragen, dem einen oder anderen Traum die Schärfe zu nehmen. So sollten beispielsweise besonders belastende oder aufregende Erlebnisse bei Tag mit dem Kind besprochen und bearbeitet werden. Das Kind soll die Möglichkeit bekommen, die aufkommende Flut an Gefühlen und Gedanken auszudrücken – spielend, lachend, schimpfend, wütend, fragend. Dabei können Geschichten, Spiele oder kreative Ausdrucksformen genauso hilfreich sein wie eine altersentsprechende Wissensvermittlung. Eine andere Möglichkeit, Angstträumen ihren Nährboden zu nehmen, sind die abendlichen Rituale, in denen dem Kind ausreichend Gelegenheit gegeben werden soll, sich auf die Nacht einzustellen. Je mehr Raum und Zeit am Abend für die Verarbeitung der Tageserlebnisse und für das »Auftanken« von Geborgenheit und Nähe bereitgehalten wird, desto weniger muss die Verarbeitung in ängstigenden Träumen geschehen. Auch ein achtsamer Umgang mit dem Medium Fernsehen spielt als vorbeugende Maßnahme eine wichtige Rolle.

• *Erzählen lassen und Zuhören:* Wir alle kennen die Macht mancher Trauminhalte über unsere Gefühle und Gedanken. An manchen Tagen wirken die positiven Bilder lange nach und stimmen uns fröhlich, an anderen Tagen liegt die Schwere eines belastenden Traums noch lange gleichsam in der Luft. Dies ist auch bei Kindern nicht anders. Hinzu kommt, dass speziell kleine Kinder noch große Schwierigkeiten haben, zwischen der Wirklichkeit und dem Traumerleben zu unterscheiden. Für sie ist alles gleich »wirklich« und sie meinen auch, dass ihre Eltern beispielsweise die bösen Wölfe oder den gefährlichen Riesen sehen können. Um die Traumwelt als solche zu erkennen und sie auch vom realen Erleben abzugrenzen, ist es hilfreich, die Träume zu erzählen. »Was ist dir denn im Traum Schlimmes geschehen? Komm, erzähl doch mal!« – mit dieser Aufforderung hilft man dem Kind, vom bedrohlichen Inhalt ein wenig Abstand zu bekommen und die Angst beim Namen zu nennen. Manche finstere Gestalt wird sich dann als Traumgespinnst auflösen oder kann sich als harmloser Gesell entpuppen. Bei der Aufforderung, über die erlebte Angst zu berichten, geht es nicht um ein Interpretieren oder Besprechen der Träume, sondern lediglich darum, das Geträumte in Worte zu fassen.

• *Nähe zulassen:* Wenn Kinder in der Nacht zu den Eltern laufen und von bösen Träumen berichten, suchen sie immer auch ein Stück Schutz, Sicherheit und Geborgenheit. Oft möchten sie unter die Bettdecke schlüpfen, um ganz intensiv die Nähe und Wärme der Eltern zu spüren. In diesem Punkt gibt es viele unterschiedliche Positionen, die je nach Zeitgeist, familiären Überzeugungen und Erziehungsvorstellungen stark variieren. Sie reichen von einem »Das Kind muss unbedingt in sein Bett zurückgebracht werden!« bis zu einem »Mein Kind kann jederzeit zu uns ins Bett kommen!« Die Erfahrung zeigt, dass jedes Kind spätestens im Schulalter sein eigenes Bett dem der Eltern vorzieht. Oft sind es gerade jene Kinder, die wenig Druck in Richtung »Zurück ins eigene Bett!« erleben, die sich gut in ihren eigenen Kissen einrichten und sich nur dann und wann bei schlechten Träumen der elterlichen Nähe rückversichern wollen. Wie auch immer sich Eltern in dieser Frage entscheiden, ist es wichtig, dass den Kindern klar gemacht wird, wo ihr nächtliches Zuhause ist. Sie sollen im Bett der Eltern nur Gäste und keine Dauerbesucher sein.

• *Nachbereiten:* In Träumen kann sehr viel zum Vorschein kommen, was noch lange in den Tag hineinwirkt und manchmal belastend erlebt wird. Hier kann man Kinder unterstützen, eine Form zu finden, den Traumbildern Gestalt zu geben. Auch in diesem Zusammenhang sollte man sich mit Interpretationen oder »kopflastigen« Erklärungen zurückhalten und die Zeichnungen, Bilder, Figuren oder Spielsituationen für sich sprechen lassen. Kinder finden oft ihren eigenen Lösungsweg im Umgang mit ängstigenden Trauminhalten.

Während die neunjährige Irene beispielsweise ein Tagebuch führt, in dem sie alle schlechten Träume aufschreibt und auch das, was ihr dazu alles einfällt, bastelt die sechsjährige Agnes einen Traumfänger. Sie hat davon gehört, dass Indianer über die Schlafstellen ihrer Kinder Netze spannen, die schlechte Träume abfangen und die guten durchlassen sollen. Mit Hilfe ihrer Mutter gelingt es Agnes, aus einem Holzring, Fäden, Muscheln und Federn einen schönen, bunten Wächter über ihre Träume anzufertigen.

Eine andere Möglichkeit stellen Bilderbücher und Geschichten dar, in denen das Kind Lösungsmöglichkeiten miterleben kann. In vielen Kinderbüchern wird auf das Thema Angstträume eingegangen, so z. B. im Bilderbuchklassiker *Das Traumfresserchen*[3] von Michael Ende. Aber auch die Beschreibung von ängstlichen Riesen, mutigen Mäusen, scheuen Bären und wagemutigen Hasen kann Kindern helfen, sich mit ihren eigenen Gefühlen positiv auseinanderzusetzen und Modelle für den Umgang mit ihren Ängsten zu finden.

Schließlich sei noch auf die Möglichkeit des »Umerzählens« hingewiesen, durch das Kinder angeregt werden, den Träumen ein gutes Ende zu geben.

Klara beispielsweise wird in ihren Träumen immer wieder von Wölfen gejagt und wacht voller Schrecken schweißgebadet auf. Sie erzählt ihrer Mutter davon und überlegt, wie sie es anstellen kann, die Wölfe zu überlisten. Nach längerem Nachdenken erzählt sie dann nochmals ihren Traum – doch sie hängt eine neue Schlussvariante an: Sie läuft in eine offen stehende Hütte, schlägt die Tür zu und ruft den Jäger herbei.

Diese Form des Umgestaltens wird auch bei professionellen Begleitungen angeboten, in denen Kinder in einen meditativen Zustand der Entspannung versetzt werden und ihre Angstträume noch einmal gleichsam neu träumen sollen, wobei sie angehalten werden, ihnen einen guten Schluss zu geben. Bei dem Prozess des Umerzählens oder Umträumens werden kreative Kräfte im Kind aktiviert, die zu jeweils sehr individuellen und zum Kind passenden Lösungen der realen Problemsituation beitragen.

Was bei schlechten Träumen hilft:

• vorbeugende Maßnahmen,
• erzählen lassen und zuhören,
• Nähe zulassen,
• nachbereiten.

Außer den Angstträumen ist noch der sogenannte Nachtschreck – »pavor nocturnus« – zu erwähnen. Dieser nächtliche Angstzustand kommt typischerweise zwischen dem zweiten und dem fünften Lebensjahr vor, kann in seltenen Fällen auch noch im Schulalter auftreten. Die Kinder beginnen zu weinen und zu schreien, rufen nach ihren Eltern, sind oft sehr aufgeregt, schlagen um sich, haben einen beschleunigten Puls, schwitzen, sind verwirrt und machen den Eindruck, nicht wirklich wach zu sein. Und in der Tat reagieren sie auf Ansprache nicht, verharren einige Minuten in diesem Zustand und schlafen dann relativ leicht wieder ein. Am nächsten Morgen können sie sich an nichts erinnern. Experten führen diesen Nachtschreck zum Teil auf eine gewisse Unreife im kindlichen Gehirn zurück, zum Teil auf belastende Situationen im unmittelbaren Umfeld des Kindes. Da sich auch gezeigt hat, dass das nächtliche Aufschrecken häufig am Ende einer langen Tiefschlafphase auftritt, wird den Eltern geraten, die Tiefschlafphasen zu verkürzen, also z. B. am Tag kürzere Schlafphasen einzubauen oder das Kind früh ins Bett zu bringen. Auch ist daran zu denken, dass Kinder oft Sorgen und Ängste der Eltern übernehmen oder Worte und Satzteile aus Streitgesprächen auffangen und falsch interpretieren. Damit sind sie in aller Regel überfordert. Überprüfung des eigenen elterlichen Befindens, klärende Gespräche, Zuwendung und ein geregelter Ablauf beim Zubettgehen sind Möglichkeiten, auf das Auftreten des Nachtschrecks einzuwirken. In aller Regel vergeht er aber genauso plötzlich und unerklärlich wie er aufgetaucht ist und hinterlässt beim Kind keine körperlichen oder seelischen Schäden.

Abbildung 7: »Meine Freunde bewachen meinen Schlaf.«

2. Krankheit und Tod:
»Kannst du auch sterben?«

In vielen Familien müssen Kinder die Erfahrung bewältigen, dass ein Elternteil, Geschwister oder andere Verwandte von einer schweren Erkrankung betroffen sind. Die ständig steigende Zahl jährlicher Neuerkrankungen an Krebs machen beispielsweise nur allzu deutlich, wie sehr das Thema Krankheit das Leben unzähliger Menschen und deren Familien drastisch beeinflusst und verändert. Doch auch weniger schwerwiegende Erkrankungen stellen oftmals Ausnahmesituationen und besondere Belastungen dar. Für Kinder bedeutet es meist den Wegfall liebgewordener und Sicherheit vermittelnder Selbstverständlichkeiten, Gewohnheiten und Tagesabläufe. Darüber hinaus werden sie besonders das veränderte Klima zu Hause spüren, das häufig von Angst, Unsicherheit und Verzweiflung geprägt ist. Dies alles kann den normalen Entwicklungsablauf bremsen, stören oder verzögern, kann aber auch zu einer besonderen Zeit werden, in der seelische Stärke erreicht wird und menschliche Nähe auf ganz besondere Weise wächst.

Krankheit im nahen Familienkreis

Manchen Erwachsenen stellt sich die Frage, ob und in welchem Maße es sinnvoll und hilfreich ist, mit Kinder über die Situation zu sprechen und sie in die Begleitung der kranken Menschen mit einzubeziehen. Die Erfahrung hat gezeigt, dass es in jedem Fall wichtig ist, keine Geheimnisse vor den Kindern zu haben und sie vom Wissen nicht auszuschließen. Ihre hohe Sensibilität gegenüber seelischen Befindlichkeiten wird sie ohnehin hellhörig werden lassen, wenn jemand ernsthaft erkrankt ist. Spricht man in diesen Fällen nicht offen mit dem Kind darüber, können die aufkeimenden Ängste Dimensionen annehmen, die schwer zu bewältigen sind. Was Kinder sich mangels konkreter Informationen und Gespräche in ihrer Fantasie ausmalen, kann viel beängstigender und bedrohlicher sein als die Realität selbst. Auch das Gefühl des Ausgeschlossenseins und des Nicht-Dazugehörens stellt eine seelische Verletzung dar, die Kinder dann noch zusätzlich zu den belastenden Ereignissen innerhalb der Familie verarbeiten müssen.

Eltern sollen und können ihren Kindern die Wahrheit zumuten und müssen sich nicht scheuen, einen offenen und ehrlichen Zugang zu den Problemen zu wählen. So wie Erwachsene in Krisenzeiten in der Lage sind, besondere Kräfte zu aktivieren, können Kinder dies auch. Darüber hinaus steht auch ein breites Angebot von Fachkräften zur Verfügung, auf die man zugehen kann, wenn einem die Probleme über den Kopf wachsen oder wenn man konkrete Unterstützung, Rat und Orientierung sucht.

Wie sehr Kinder von den Geschehnissen betroffen sind, wird von der emotionalen Nähe zum erkrankten Menschen beeinflusst und von der Art und Weise, wie in der konkreten Familie mit der Situationen umgegangen wird. Je enger die Beziehung zwischen dem Kind und dem Betroffenen ist, desto stärker wird es Teil des Geschehens. Nicht der Verwandtschaftsgrad ist für das Ausmaß an Betroffenheit angesichts schwerer Erkrankung ausschlaggebend, sondern die emotionale Nähe zwischen dem Kind und der erkrankten Person. So kann es vorkommen, dass beispielsweise Leid und Schmerzen der geliebten Tagesmutter, die das Kind Tag für Tag betreut, tiefere Spuren in der Seele des Kindes hinterlassen als die Krankheit der eigenen Tante, die nur einige Male im Jahr zu Besuch kommt. Natürlich spielen das Alter und der Entwicklungsstand des Kindes immer auch eine wichtige Rolle, was bei der Art der Informationsvermittlung und aller anderen Maßnahmen zu berücksichtigen sein wird.

Worauf ist besonders zu achten?

- Wenn möglich, sollte die erkrankte Person selbst mit dem Kind sprechen *(echter und aufrichtiger Umgang mit der Wahrheit)*,
- einfache und klare Worte wählen *(altersgemäße Aussagen)*,
- Versorgung und Betreuung der Kinder sollten nach gewohntem Ablauf erfolgen *(Aufrechterhalten gewohnter Rituale, Zeitabläufe u. Ä.)*,
- mehrere Menschen in die Begleitung einbeziehen *(Beziehungsnetz intensivieren bzw. professionelle Dienste in Anspruch nehmen)*,
- gemeinsam Wege der Hoffnung beschreiten *(»Wir-Gefühl« stärken und das Prinzip Hoffnung leben)*,
- Anregungen geben, für den erkrankten Menschen etwas zu »tun« *(kleine Hilfsdienste, Zeichnungen, Blumen pflücken …)*.

Bei aller Sorgfalt im Umgang mit so schwierigen Situationen, wie sie schwere Erkrankungen von vertrauten und geliebten Menschen darstellen, lässt es sich meist nicht vermeiden, dass Kinder sehr empfindlich reagieren. Die Familie ist einem Wechselbad von Gefühlen ausgesetzt, und das macht auch vor den Kindern nicht Halt. Schreck, Panik, Angst, Spannung, Erleichterung, Hoffnung, Zuversicht, Sorge – ein Auf und Ab der Gefühle zieht sich durch den Alltag und bestimmt das Familienklima. Neben einem allgemeinen Rückschritt in der Entwicklung – Kinder können mit einem Mal vieles nicht mehr, wozu sie bereits in der Lage waren – zeigen sich sowohl altersspezifische Ängste (vgl. S. 19 ff.) als auch häufig Trennungsängste. Dafür sollten die begleitenden Erwachsenen Verständnis aufbringen und das Kind nicht zusätzlich unter Druck setzen. Die Einbrüche, Rückschritte oder Verzögerungen in der Entwicklung sind Ausdruck einer seelischen Irritation und führen das Kind gleichzeitig zurück in vertraute Muster, wie es beispielsweise auch bei Andreas der Fall war:

> Der heute siebenjährige Andreas wollte als kleiner Junge jede Nacht ein Licht in seinem Zimmer haben, nur so konnte er gut und beruhigt einschlafen. Später brauchte er diese Hilfe im Umgang mit der Dunkelheit nicht mehr. Doch als sich seine Mutter auf Grund einer schweren Erkrankung mehreren Operationen unterziehen musste, tauchten alte Ängste vor dem Einschlafen auf. Andreas versuchte, die Abende immer länger werden zu lassen, und brachte mit seinen Aktivitätsschüben am Ende des Tages den Rest der Familie zur Verzweiflung. Erst als der Vater die alte Nachtleuchte wieder hervorholte und sich am Abend an den Bettrand setzte, um mit Andreas den Tag noch einmal Revue passieren zu lassen und einen »Gesundwerdewunsch« für Mama in Gedanken wegzuschicken, fand Andreas die nötige Ruhe, sich dem Schlaf anzuvertrauen.

Ernsthafte Erkrankungen lösen bei Kindern auch zahlreiche Fragen aus. Sie können ganz einfache Dinge betreffen, wie die Fragen, wer jetzt wohl das Essen kocht, zum Spielplatz geht, mit dem Auto zur Schule fährt oder bei den Hausaufgaben hilft. Darüber hinaus tauchen plötzlich Fragen auf, die sich im Kern um das Grundthema von Leben und Sterben drehen. Was ist Kranksein? Wer macht Menschen krank – und wer gesund? Was ist Sterben? Muss jeder Mensch sterben?

Kinderfragen verblüffen durch ihre Direktheit und Offenheit. Sie sind Ausdruck seelischer Befindlichkeiten, erlauben einen Einblick in die kindliche Denk- und Gefühlsstruktur und öffnen den Blick für die Kinderperspektive. Manchmal steckt in einer Kinderfrage unglaubliches philosophisches Potenzial, das zum gemeinsamen Nachdenken und Nachspüren geradezu verführt. Kinder werden sich jedoch nur so lange fragend den Erwachsenen anvertrauen, wie sie sich auch angenommen und ernst genommen fühlen. Reaktionen wie Kopfschütteln, Auslachen, Wegschauen bringen das Kind ebenso zum Verstummen wie der Satz: »Dafür bist du noch zu klein« oder »Das verstehst du nicht.« Die Folge eines solchen unsensiblen Umgangs kann ein innerer Rückzug sein, ein Verstummen und Einigeln, das die Wand des Schweigens immer dicker und höher werden lässt. Mit ihren Fragen alleingelassen, suchen sich Kinder dann oft ihre eigenen Antworten, die in aller Regel nur wenig Tröstliches haben, sondern die aufkeimende Angst verstärken, häufig in eine Fantasie- und Scheinwelt führen und wenig bis gar nichts zur Klärung beitragen. Auch wenn es manchmal schwer fällt, auf Kinderfragen einzugehen und die Wahrheit kindgerecht an- und auszusprechen, schafft eine ehrliche Antwort und eine offene Auseinadersetzung mit den vielen Fragezeichen eine wichtige Vertrauensbasis.

Was werden wir sein
In hundert Jahren?
Der Erde vermählt und Gott anvertraut,
zwei Hände voll zärtlichem Staub.

Christine Busta

Kinder leben viel stärker im Hier und Jetzt als Erwachsene, dementsprechend wollen sie auf ihre Fragen auch immer gleich eine Antwort. Verzögerungen werden oft als Ausweichen, Vertuschen oder gar Belügen interpretiert. Sicher ist es für Erwachsene oft sehr schwer, sich in einer ohnehin schon angespannten und belastenden Situation auch noch auf ganz besondere Weise dem Kind zuzuwenden. Doch nur durch eine Extraportion Aufmerksamkeit und achtsame Zuwendung können Ausnahmesituationen bewältigt werden.

Folgende Aussagen bringen jene Grundeinstellungen von Eltern und anderen Begleitern zum Ausdruck, die im Fall einer schweren Erkrankung im engeren Familienverband für Kinder besonders wichtig sind und echten Trost und Unterstützung bieten:

- »Ich nehme dich in deiner Sorge, deiner Verwirrung, deinem Kummer wahr – JETZT.«
- »Ich bin bereit, mich auf dich einzustellen und für dich da zu sein – JETZT.«
- »Ich weiche dir nicht aus und verstelle mich nicht – JETZT.«
- »Ich höre dir zu und möchte dich verstehen – JETZT.«

Abbildung 8: Kinderfragen ernst nehmen

Manche Eltern fühlen sich rasch überfordert, wenn sie auf die vielen Kinderfragen eingehen sollen. Auch rührt so manche Frage tief an die seelische Wunde der Betroffenen und bringt die mühsam aufrechterhaltene Fassung zum Einsturz. Unsicherheit und die Sorge, nicht die rechten Worte zu finden, führen rasch zu einer Überforderung. Da kann es hilfreich sein, sich darauf zu besinnen, dass in jeder Frage selbst schon der Keim einer Antwort liegt. Und so geht es viel weniger darum, sich in einer Art Allwissenheit zu präsentieren, als vielmehr genau hinzuhören und nachzufragen, worum es dem Kind eigentlich geht und was es sich selbst schon ausgedacht und zusammengereimt hat. Auch sollten die Antworten den Kern der jeweiligen Frage treffen und nicht die eigenen Sorgen der Eltern widerspiegeln:

> Der achtjährige Lukas beispielsweise wendet sich mit der Frage an seine Mutter:»Wird Klara noch lange im Krankenhaus bleiben?« Durch die Krankheit seiner Schwester fehlt ihm die nötige Zuwendung und Nachmittagsbetreuung, weil die Eltern oft bei ihrer schwerkranken Tochter im Krankenhaus sind. Der Grund seiner Frage ist weniger die Sorge um die Schwester als vielmehr die Angst, selbst noch lange Zeit allein gelassen zu werden. Doch seine Mutter erkennt das nicht und spricht mit Lukas über Klaras Krankheit, ihre Schmerzen und wie viel Unterstützung sie braucht. Lukas geht unzufrieden und ungetröstet in sein Zimmer. Hilfreicher wäre es gewesen, ihm einen Zeitrahmen zu nennen oder darauf hinzuweisen, dass man das leider nicht wisse. In einem zweiten Schritt hätte die Mutter auf Lukas' Situation am Nachmittag eingehen und ihm ihre Zuneigung zeigen können.

Antworten auf Kinderfragen sollten auch nicht über das hinausgehen, was eigentlich gefragt wird:

> Die vierjährige Anja beispielsweise erkundigt sich:»Hat Mama ein schlimmes Aua?«, und sucht in ihrer Frage nach einer Möglichkeit zu verstehen, warum ihre Mama ins Krankenhaus musste, und um zu ihrem eigenen Erleben eine Brücke zu bauen. Ein einfaches »Ja« reicht zunächst einmal aus. Vielleicht wird Anja mit dieser Antwort eine Zeit lang ganz gut zurechtkommen, vielleicht werden sich neue Fragen auftun und nach außen drängen. Doch man sollte dem Kind sein eigenes Tempo lassen und es nicht mit zu viel Informationen überfordern und belasten.

Wichtiger als alle Worte ist es jedoch, Kindern die Möglichkeit zu geben, mit dem erkrankten Menschen in Kontakt zu bleiben, ihn zu sehen, zu spüren und mit ihm zu sprechen. Auch hier gilt, dass die Bilder in den Köpfen der Kinder viel schlimmer sein können als das, was sie in der Realität sehen und erfahren können. Der Besuch in einem Krankenhaus sollte speziell bei kleinen Kindern oder bei einem Erstbesuch vorbereitet werden – sei dies beispielsweise durch Gespräche über die Räumlichkeiten oder die typischen Krankenhausgerüche oder aber durch Bilderbücher zum Thema, wie es bei Gregor der Fall war:

> Gregor, der mit seinen fünf Jahren schon ein richtig großes Kindergartenkind ist, hat von seiner Tante ein Bilderbuch bekommen, das bereits deren Kindern Spaß und Freude gemacht hat: »Was macht die Maus im Krankenhaus?«[4] heißt es, und seit sein Papa im Spital liegt, kann er es zusammen mit seiner um zwei Jahren jüngeren Schwester nicht oft genug anschauen. Und jedes Mal wenn er ins Krankenhaus zu Besuch geht, nimmt er das Bilderbuch mit und schaut es gemeinsam mit Papa an. Beide lächeln verschmitzt, als die Krankenschwester neugierig auf das Buch schaut und auch etwas vom Mäusekrankenhaus sehen möchte …

Neben der Beschäftigung mit Bilderbüchern, die auch ein Aufarbeiten verschiedener Ängste erleichtert, ist es für Kinder immer gut und entlastend, wenn sie für die Kranken etwas zeichnen, basteln oder sonstwie gestalten dürfen. So können sie all ihre Gefühle, ihre Liebe und Zärtlichkeit in die kleinen Gaben packen. Auch wenn ältere Kinder der magischen Welt schon entwachsen sind, werden sie ebenso wie die Kleinen oft auf magische Praktiken zurückgreifen und einen Glücksstein mit ins Krankenhaus nehmen und auf den Nachttisch legen, einen Talisman ans Bett setzen oder gar ihr Kuscheltier als Traumwächter anbieten. Lässt man Kinder in dieser Hinsicht freien Lauf, kommen sie auf viele fantastische Ideen, die mit dazu beitragen können, dass sie sich nicht ohnmächtig der Situation ausliefern und gleichsam mit gebundenen Händen dasitzen müssen und nichts als warten können. Soweit es möglich ist und solange es nur irgendwie geht, sollen Kinder in die Begleitung der erkrankten Menschen mit einbezogen werden – so werden sie am ehesten auch ihre eigene Trauer und ihre eigenen Ängste zur richtigen Zeit bewältigen können.

Wenn Kinder selbst erkranken

Doch nicht nur die Erkrankung geliebter und wichtiger Menschen kann Ängste im Kind auslösen, sondern auch eigene Erkrankungen. Diese Angst kommt zu einem guten Teil dadurch zustande, dass das Kind überhaupt nicht versteht, was in ihm vorgeht – der Bauchschmerz fühlt sich wie ein wild gewordener Tiger an, das Kopfweh löst Fantasien von einem Keulen schwingenden Riesen aus und das Atmen klappt nicht so gut, weil ein Drache auf der Brust liegt. Die Fantasie der Kinder spielt hier eine beherrschende Rolle, und es tauchen nicht nur bestimmte Tiere oder Fabelwesen auf, sondern auch Bilder und Vorstellungen, dass einzelne Körperteile sich auflösen. Ein schmerzendes Knie beispielsweise fühlt sich dick und groß und riesig an, so riesig, dass es in der Vorstellung eines Fünfjährigen sicher bald platzen wird.

Viele Empfindungen, die in direktem Zusammenhang mit einer Erkrankung oder Verletzung stehen, sind die Ursache für kindliche Ängste. Hinzu kommt noch die Unsicherheit, die mit dem Kranksein und mit einer Änderung des alltäglichen Ablaufs und der Sicherheit gebenden Rituale zusammenhängt. Und noch ein Punkt muss hier erwähnt werden, nämlich die Angst der Eltern. Kinder sind ja sehr hellhörig und nehmen darüber hinaus auch rasch die Stimmung ihrer Umwelt auf. Sind nun die Eltern wegen der Erkrankung ihres Kindes in großer Sorge oder Angst, wird das Kind sich dadurch selbst zusätzlich bedroht fühlen. Das Ausmaß der wahrgenommenen Hilflosigkeit und Angst der Eltern ist für Kinder viel schlimmer als akute Symptome. Sinngemäß denkt es: »Wenn Mama und Papa solche Angst haben, muss alles sehr schlimm sein!« Eltern sind wie Stützen bei einem kleinen, noch schwachen Bäumchen. Fährt der Wind durch den jungen Baum, wird er durch einen fest im Boden verankerten Pflanzstock gut gehalten und vor einem Umknicken bewahrt. Ist der Pflanzstock nicht ausreichend verankert, dann wird er selbst vom Sturm »entwurzelt« und kann dem Bäumchen keine Stütze mehr sein. Auch Eltern müssen darauf achten, sicher und gut verankert zu sein, um dem Kind in Sturmzeiten verlässlichen Beistand zu leisten.

Konkret bedeutet dies:

• Eltern sollen ihre Angst möglichst nicht an das Krankenbett des Kindes tragen.

• Eltern sollen sich in der Betreuung des Kindes abwechseln bzw. Dritte hinzuziehen, um immer wieder Ruhepausen einlegen und sich auch seelisch erholen zu können.

• Eltern sollen in gutem Kontakt zum behandelnden Arzt bleiben und immer wieder klärende Informationen einholen.

• Eltern sollen neben der Pflege und krankheitsbezogener Maßnahmen immer auch daran denken, dass Spaß, Freude und gemeinsames Lachen oft die besten Heilmittel sind.

Die oben angeführten Punkte können dazu beitragen, die Angst der Eltern auf ein akzeptables Maß zu reduzieren und sie zu guten Krankenbegleitern ihrer Kinder zu machen. Bei kleinen Kindern bis zum vierten Lebensjahr ist im Krankheitsfall eine Trennung von der Mutter immer eine arge Belastung. Die ohnehin auftretende Angst vor dem Weggehen der Mutter (vgl. Teil 2, Kapitel 1, S. 46 ff.) wird unter den Bedingungen der »Ausnahmesituation Krankheit« noch verschärft. Aus diesem Grund sollte bei einem notwendigen Klinikaufenthalt des Kindes an die Möglichkeit einer Unterbringung in einem Eltern-Kind-Zimmer gedacht werden. Bei größeren Kindern ist dies nicht mehr so notwendig, wenngleich ein geregelter Besuchsdienst für das Kind gut und hilfreich ist. Nicht vergessen werden darf bei einem Krankenhausaufenthalt, vertraute Gegenstände von zu Hause mitzunehmen – sei dies ein Lieblingspyjama, ein T-Shirt vom großen Bruder, das Kuscheltier, ein Buch, ein Tagebuch, ein Talisman … Auch wird es gut sein, die Krankenschwestern oder Pfleger auf Vorlieben des Kindes aufmerksam zu machen. Eine klare und Zuversicht ausstrahlende Haltung kann dem Kind helfen, seine eigenen Ängste zu überwinden. Wenn das Kind erlebt, dass die Eltern voller Vertrauen die Betreuung dem Pflegepersonal übertragen, werden Berührungen und Anweisungen dieser »fremden Personen« lange nicht so schlimm sein, als wenn die Eltern selbst mit Argwohn jeden Handgriff der Schwester verfolgen.

Bevorstehende Eingriffe und weitreichende Maßnahmen sollten in einer kindgerechten Art und Weise mit dem Kind besprochen werden. Es ist wichtig, dem Kind möglichst viel Sicherheit in dieser unsicheren Zeit anzubieten – das kann vom Vertrautmachen mit dem Klinikgebäude, mit der Station, ja vielleicht sogar mit einer Krankenschwester auf der Station bis hin zum Durchspielen des Tagesablaufs und Nachdenken gehen, welches Kuscheltier mit eingepackt wird. Alles soll dazu dienen, dem Kind Halt zu geben und so den Gefühlen der Ohnmacht, Hilflosigkeit und Angst vorzubeugen.

Zum Thema Kind und Krankenhaus gibt es eine Reihe hilfreicher Bilderbücher und Kinderbücher sowie einschlägige Broschüren von vielen Krankenhäusern vor Ort. Es ist durchaus sinnvoll, ganz unabhängig vom »Ernstfall« mit dem Kind das Thema Kranksein anhand dieses Materials durchzugehen, so kann das Kind sich nach seinen eigenen Bedürfnissen, entsprechend seiner Neugierde oder aber auch Ängstlichkeit dem Thema nähern. Spätestens ab dem Kindergartenalter werden Kinder sich ohnehin spielerisch mit dem Kranksein, mit Unfällen und allem, was damit zusammenhängt, beschäftigen und sowohl ihre Neugierde stillen als auch ihre Ängste überwinden. Das kindliche Spiel dient auch der Nachbereitung von Erlebnissen mit Krankheit oder Krankenhausaufenthalten. Zeichnen und Malen kann dem Kind bereits während der Erkrankung helfen, nicht nur seine Angst und andere belastende Gefühle auszudrücken, sondern auch die vielen fremden Eindrücke zu verarbeiten.

Wenn Kinder nach dem Sterben fragen

Eine Frage, vor der viele Eltern und Betreuer Angst haben, ist die Frage der Kinder nach dem Tod: »Kannst du auch sterben?«, »Wird Papa sterben?«, »Wann wird Oma sterben?« Es beunruhigt die meisten Erwachsenen, wenn sich Kinder mit dem Ende des Lebens beschäftigen, und sie fragen sich, wie sie diese dunklen und trüben Gedanken aus den Kinderköpfen vertreiben können. Doch diese gewisse Neugierde rund um das Geheimnis Tod, der Wunsch nach der Erforschung der »letzten Dinge« gehört auch zum Heranwachsen und ist Teil einer intensiven Beschäftigung mit dem Leben in seiner Ganzheit. Manchmal steht das Auftauchen dieser Fragen in direktem Zusammenhang mit der Erkrankung eines nahen Angehörigen. Hier wird ein behutsamer Umgang besonders wichtig sein, bei dem besonders auf jene Punkte zu achten ist, die im Umgang mit Trennungsängsten genannt wurden (vgl. Teil 2, Kapitel 1, S. 49 ff.). Kinder von schwer erkrankten Menschen sehen sich oft einer Fülle von Veränderungen gegenüber und geraten häufig in den Sog der pessimistischen, bedrohenden und beklemmenden Gefühle, die sie in ihrer unmittelbaren Umgebung spüren. Umso wichtiger ist es, dem Kind Möglichkeiten anzubieten, in denen es seinen ganz normalen Kinderalltag leben kann.

Fragen um das Thema Sterben und Tod können natürlich auch durch andere Vorfälle und Ereignisse ausgelöst werden. Zu denken ist an Geschichten, Märchen oder Bilderbücher mit entsprechendem Inhalt, an Berichte in Medien und nicht zuletzt durch das Miterleben vom Sterben in der Natur. Welche Fragen sich daraus ergeben, welche Vorstellungen entwickelt werden und wie Kinder mit konkreten Erfahrungen mit Sterben und Tod umgehen, wird zu einem wesentlichen Teil vom Entwicklungsstand des Kindes und seinem Alter beeinflusst. Zusätzlich spielen religiöse Vorstellungen in der Umwelt des Kindes, das soziale Umfeld mit seiner typischen Sichtweise von Sterben und Tod sowie kulturelle Dimensionen bei der Entstehung des persönlichen Todeskonzepts von Kindern eine entscheidende Rolle.

In der Wissenschaft hat man sich mit der Frage beschäftigt, wie sich Kinder an das Thema Tod herantasten und in welchem Alter sie welche Vorstellungen und Zugänge entwickeln. Dabei wurden vier Begriffe herausgearbeitet, die beim Entstehen kindlicher Vorstellungen vom Tod – eines Todeskonzepts – von Bedeutung sind: Nonfunktionalität, Irreversibilität, Universalität und Kausalität. Ersteres meint die Tatsache, dass Leben an bestimmte Körperfunktionen gebunden ist und der Tod dann eintritt, wenn diese Funktionen – etwa die Herztätigkeit – aussetzen. Der zweite Begriff bezieht sich auf die Tatsache, dass der Tod nicht mehr rückgängig gemacht werden kann, während der Begriff Universalität sich auf die Tatsache bezieht, dass Sterben zu jeder Existenz dazugehört und der Tod vor niemandem und nichts Halt macht. Schließlich weist der Begriff Kausalität auf die Ursache des Todes hin: Es ist eine Folge biologischer Gesetzmäßigkeiten.

Je klarer und deutlicher ein Kind in der Lage ist, diese vier Dimensionen zu begreifen, desto eher werden sich seine Vorstellungen vom Tot-Sein denjenigen der Erwachsenen annähern. Doch jeder weiß, wie schwer es in bestimmten Augenblicken sein kann, die Endgültigkeit des Todes wirklich zu begreifen oder zu akzeptieren, und wie stark die

Sehnsucht werden kann, gegen all die eben genannten Gesetzmäßigkeiten anzukämpfen. Und so wird es immer wieder im Leben jedes Menschen Augenblicke und Abschnitte geben, in denen die archaische Bilderflut der Kindertage ein rationales Denken durchkreuzt. Vielleicht kann es Erwachsenen leichter gelingen, Kinder in ihrem jeweils altersabhängigen und sehr speziellen Zugang zu den Fragen um Sterben und Tod zu verstehen und entsprechend zu begleiten, wenn sie sich an ihre eigene Kinderzeit zurückerinnern.

Alterstypische Vorstellungen über den Tod

Hilfreiche Informationen sollen folgende Zusammenfassungen liefern, die alterstypische Aspekte berücksichtigen, wobei zu bedenken ist, dass die Altersangaben speziell an den Übergängen von einer Altersgruppe zur anderen nicht exakt festzulegen sind und individuellen Schwankungen unterliegen.

• *Kinder unter drei Jahren* sind nicht in der Lage, abstrakte Begriffe wie »Tod« zu begreifen, und so wird Tot-Sein einfach mit Weg-Sein gleichgesetzt. Menschen oder Tiere, die tot sind, bleiben für das Kind aus unerklärlichen Gründen verschwunden. Je jünger Kinder sind, desto stärker werden sie von den Gefühlen, die ein Todesfall oder eine andere schwerwiegende Trennung in ihrer unmittelbaren Umgebung auslöst, angesteckt und beeinflusst. Sehr häufig reagieren sie mit Suchen, jener typischen Reaktion, die alle Menschen zeigen, wenn sie etwas verloren haben. Auch heftige Gefühlsausbrüche sind eine Antwort auf die Ereignisse, die sie nicht verstehen können und denen sie auch emotional nicht wirklich gewachsen sind. Den Eltern fällt auf, dass die Kinder häufig scheinbar grundlos weinen oder Schwierigkeiten mit dem Essen und Schlafen haben. Auch das sind Reaktionen, die in unmittelbarem Zusammenhang mit Todesfällen stehen können.

• *Kinder zwischen drei und fünf Jahren* wenden sich auf besondere Weise dem Thema zu, indem sie sich spielerisch herantasten und so erste vage Todesvorstellungen entwickeln. Sie suchen im Spiel Antworten auf die Fragen, was Tot-Sein ist, und stellen eine Verbindung zwischen »Tod und Dunkelheit« sowie »Tod und Bewegungslosigkeit« her. Doch so wie im Spiel der Tod nur ein vorübergehender Zustand ist, den bereits ein Händeklatschen, ein Ruf oder eine neue Spielanordnung aufheben kann, ist der Tod auch in den Köpfen der Kinder nur ein vorübergehender Zustand. Zudem bezieht sich Tot-Sein immer auf andere Menschen und meist auf solche, die entweder alt, krank oder besonders »böse« sind. Gänzlich außerhalb der kindlichen Vorstellungen dieses Alters ist der Tod der eigenen Person oder naher Bezugspersonen. Beim Erleben eines konkreten Verlustes zeigen Kinder demnach auch heftige allgemeine Angstreaktionen. Zudem treten die entwicklungstypischen Ängste – z. B. Angst vor Dunkelheit, Angst vor den verschiedensten Fantasiefiguren – verstärkt auf. Häufig sind auch Entwicklungsrückschritte zu beobachten und eine allgemeine Unruhe und Rastlosigkeit macht sich bemerkbar. Neben dem schon bekannten Suchen tritt noch das Bedürfnis hinzu, dem Tod auf die Spur zu kommen und sein Geheimnis zu ergründen.

• *Kinder zwischen sechs und neun Jahren* machen enorme Fortschritte in ihrem Denken und finden so auch einen neuen Zugang zur Frage, was Tot-Sein bedeutet. Sie sind schon eher in der Lage, die vier Hauptdimensionen, die für das Entstehen des Todeskonzepts notwendig sind, zu erfassen. Demnach kommen sie zur Einsicht, dass alle Lebewesen sterben müssen. Sie fassen auch ins Auge, dass der Tod vor ihnen selbst nicht Halt machen wird – »irgendwann einmal«. Die Vorstellungen schwanken in diesem Alter noch stark zwischen Realität und Fantasie. Häufig wird der Tod als Person vorgestellt, als »Sensenmann« oder »Schwarzer Mann«, der durch die Reihen der Menschen geht und diejenigen mitnimmt, die nicht »recht« gelebt haben. Der Tod als Bestrafung für böse Taten oder nicht angepasstes Verhalten geistert durch die Köpfe von Kindern dieser Altersgruppe. Bei einem erlebten Verlust kann es zu gesteigerten Verlust- und Trennungsängsten kommen. Das bekannte Suchverhalten nimmt insofern eine andere Form an, als nunmehr nach Antworten auf die Frage gesucht wird, was nach dem Tod passiert, wo die Verstorbenen sind und wie man sich das Jenseits vorstellen kann. Wenngleich die direkte Erforschung des Phänomens Tod deutlich in den Hintergrund tritt und diesbezüglich fast eine gewisse Scheu zu bemerken ist, taucht ein großes Interesse an Geschichten, Überlieferungen oder Erzählungen über den Tod und allem, was damit zusammenhängt, auf. Dies entspricht ganz dem aufkeimenden historischen Interesse dieser Altersgruppe.

• *Kinder ab dem zehnten Lebensjahr* sind in der Lage, den Tod als unausweichliches und endgültiges Ereignis zu begreifen. Die Vergänglichkeit tritt erstmals als Lebensthema ins Bewusstsein und kann auch als gestaltende Kraft begriffen werden, die dem eigenen Leben einen besonderen Stempel aufdrückt. Der Tod ist ein unausweichliches, abschließendes und endgültiges Ereignis und bedeutet einen bleibenden Verlust – in vielen Fällen einen schmerzhaft erlebten Liebesverlust. Die konkreten Reaktionen der Kinder auf solche Ereignisse sind den Trauerreaktionen Erwachsener sehr ähnlich und umfassen die typischen Trauerphasen, die von einem »Nicht-wahrhaben-Wollen« über einen Ausbruch unterschiedlichster Gefühle hin zu einem intensiven Suchen und schließlich zu einer neuen Sichtweise der eigenen Situation führen. Körperliche Symptome wie Kopfschmerzen, Schlafprobleme, Appetitstörungen u. Ä. können als Reaktionen auf einen Verlust häufig auftreten. Auffallend ist auch, dass in diesem Alter die Trauer bereits sehr persönlich ausgestaltet wird und unterschiedliche Bewältigungsformen gesucht werden.

Kinder in ihrer Trauer begleiten

Unabhängig davon, wie alt Kinder sind, löst die konkrete Vorstellung, dass Menschen, Tiere und Pflanzen einfach sterben können, prinzipiell Verwirrung und Trauer aus. Im Kinderleben können schon relativ einfache Todeserlebnisse zu sehr schmerzhaften Erfahrungen werden. An erster Stelle seien da die geliebten Haustiere genannt – Katzen, Hunde, Hamster, Vögel … Sie alle spielen im Kinderalltag eine große Rolle. Sie sind wichtige Quellen von Zuwendung, Zärtlichkeit und Freude. Stirbt so ein kleiner Freund, brechen dunkle Zeiten im Kinderalltag an und ein dichter schwarzer Schleier legt sich für Tage – manchmal für Wochen – über das Kind. Anders als bei den entwicklungsbedingten Trennungen (vgl. S. 19 ff.) geht es hier um von außen einwirkende Schicksalsschläge. Sie führen dem Kind deutlich vor Augen, dass der Tod wie ein Blitz aus heiterem Himmel all das mit sich nehmen kann, woran das ganze Herz hängt. Über die Betroffenheit und Trauer, die dem verstorbenen Tier gilt, hinaus setzt eine Verunsicherung ein, und ganz tief im Herzen des Kindes bohrt die Frage: Kann Mama auch sterben? Kann Papa auch sterben? Muss ich auch sterben? Angst vor einer Trennung, vor Verlust und Alleinsein greift um sich und löst den Wunsch nach Trost und Geborgenheit aus.

Eltern können ihren Kindern eine wichtige Unterstützung anbieten, indem sie ihre Ängste ernst nehmen und nicht als »Kinderkram« abtun. Erste Erfahrungen mit Sterben und Tod im Leben eines Kindes – so geringfügig diese den Erwachsenen auch scheinen mögen – bieten die Chance, das Kind auf seiner sehr persönlich gestalteten Reise durch sein Trauerland zu begleiten und es auf eine Realität menschlicher Existenz vorzubereiten, die Rainer Maria Rilke in seinem Gedicht »Schlussstück« eindrucksvoll beschrieben hat:

Der Tod ist groß.
Wir sind die Seinen
lachenden Munds.
Wenn wir uns mitten im Leben meinen,
wagt er zu weinen
mitten in uns.

Jedes Kind braucht in seiner Trauer verständnisvolle Menschen und eine Umgebung, in der es seine Tränen und alle anderen Trauergefühle offen zeigen kann. Es braucht die Sicherheit, dass seine kleine Welt nicht noch stärker durcheinandergerüttelt wird. Deshalb sollte auf eine klare Struktur des Tagesablaufs ebenso geachtet werden wie darauf, möglichst keine zusätzlichen Veränderungen im näheren Umfeld des Kindes vorzunehmen. Wenn irgend möglich sind Umzüge, größere Umstellungen in der Wohnung, ein Schul- oder Spielgruppenwechsel oder ein Betreuungswechsel in der ersten Zeit nach einem schwerwiegenden Verlust innerhalb der Familie zu vermeiden.

Je nach Alter des Kindes sind besondere Dinge im Auge zu behalten, die im Folgenden kurz zusammengefasst werden:

• *Bei Kindern unter drei Jahren* ist es besonders wichtig, darauf zu achten, dass der Tagesablauf möglichst so bleibt, wie es die Kinder vor dem

Todesfall erlebt haben. Es sollten also möglichst keine Veränderungen im Ablauf beispielsweise der Pflege, der Essens- und Einschlafzeiten oder der Einschlafrituale vorgenommen werden. Von Anfang an ist es wichtig, mit klaren und einfachen Worten den Tod anzusprechen und nicht zu tabuisieren – auch wenn die Kinder die tiefere Bedeutung noch nicht verstehen. Umschreibungen, Beschönigungen oder Schweigen sind noch viel missverständlicher als ein Begriff, in dessen Bedeutung die Kinder nach und nach hineinwachsen können und der der Wahrheit entspricht. Zusätzlich ist zu bedenken, dass die Kinder umso stärker vom emotionalen Klima ihrer Umgebung beeinflusst werden, je jünger sie sind. Sie spüren sehr deutlich die Trauer, die sich in ihrer Umgebung breit macht, und brauchen in dieser Zeit sehr viel körperliche Nähe, Zärtlichkeit und die Anwesenheit vertrauter Menschen. Auch Märchen und Geschichten, die Leben, Sterben und Tod zum Thema haben, stellen Hilfen dar und können eine dichte Atmosphäre schaffen, in der Nähe zugelassen wird.

• *Kinder zwischen drei und fünf Jahren* wollen alles genau wissen und stellen besonders viele Fragen. Es ist wichtig, diesen Wissensdurst so gut es geht zu stillen und den Fragen nicht auszuweichen – auch wenn man nicht immer eine Antwort weiß. Es ist wichtig, alle Fragen rund um den Tod klar, ehrlich und entsprechend der eigenen Überzeugung zu beantworten. Bei Erklärungen der Todesursache muss durch eine starke Betonung der Schwere der Krankheit – z. B. » Opa war sehr, sehr krank« – den ohnehin altersbedingt häufig auftretenden Ängsten vor Krankheiten und Verletzungen (vgl. Teil 1, Kapitel 2, S. 33 f.) vorgebeugt werden. Die Kinder sollten möglichst oft in die Gespräche und Aktivitäten der Familie miteinbezogen werden, die sich um das Begräbnis oder die Verabschiedung drehen, und dazu angeregt werden, für den verstorbenen Menschen noch etwas zu malen oder zu gestalten. Nach einem schweren Verlust in der Familie brauchen die Kinder zur Stärkung ihres Selbstwertgefühls viel Zuwendung, Lob, Anerkennung, aber auch Verständnis für etwaige Entwicklungsrückschritte.

• *Kindern zwischen sechs und neun Jahren* kann man hilfreich zur Seite stehen, indem man sie ermutigt, ihre Gefühle auszudrücken und über das zu sprechen, was in ihren Köpfen und Herzen vor sich geht. Oft tragen Kinder dieser Altersgruppe schwer an dem inneren Gefühlschaos aus Wut, Zorn, Angst, Enttäuschung oder Schuldgefühlen und haben Sorge, für ihre Gedanken und Gefühle bestraft zu werden. Deshalb sind eine wertfreie Haltung und ein Verzicht auf jede Art von Sanktionen besonders wichtig. Die Förderung kreativer Ausdrucksformen – z. B. Malen, Zeichnen, Spielen, Tanzen – kann helfen, Gefühle an die Oberfläche zu bringen und damit einer Verarbeitung zugänglich zu machen. Bei Antworten auf die auftauchenden Fragen ist neben einem besonders behutsamen Umgang mit der Wahrheit besonders auch auf die Wortwahl zu achten. Begriffe wie »einschlafen« oder »auf eine Reise gehen« u. Ä. sollten im Zusammenhang mit dem Tod vermieden werden, weil sie zu Missverständnissen und falschen Schlüssen führen können, die dann zu Auslösern für Ängste werden. In Fragen der Verabschiedung und des Begräbnisrituals sollten Kinder auch eine Stimme haben, mit einbezogen werden und einen besonderen Platz zugedacht bekommen.

• *Kinder ab dem zehnten Lebensjahr* wählen sich meist schon recht bewusst jene Menschen aus, bei denen sie Trost und Unterstützung suchen. In vielen Fällen sind das auch Personen, die nicht zum engsten Familienkreis gehören. So schmerzlich diese Außenorientierung des Kindes für manche Familienmitglieder auch sein mag, sollte man dies als positives Zeichen sehen – das Kind ist schon in der Lage, auf vielfache soziale Stützen zurückzugreifen, und kann sich bis zu einem gewissen Grad eigenständig Hilfe organisieren. Da die Trauer in diesem Alter individuell unterschiedlich ausgelebt wird und auch sehr ungewöhnliche Formen – z. B. »schrille« Trauerkleidung, Austoben bei lauter Musik, extremer Rückzug – annehmen kann, ist eine verständnisvolle Haltung besonders hilfreich und wichtig. Auch der Wunsch vieler Kinder, im Freundeskreis möglichst »normal« weiterzuleben, sollte akzeptiert werden. Bei allen Bemühungen, mit den Kindern ins Gespräch zu kommen oder im Gespräch zu bleiben, darf nicht vergessen werden, die Gespräche immer nur als Angebote und nicht als »Zwangsbeglückung« oder »Verpflichtung« zu sehen. Allerdings müssen konkret gestellte Fragen sehr offen und ehrlich beantwortet werden. Die Kinder brauchen klare und deutlich ausgesprochene Informationen über den Todesfall oder Verlust, über bevorstehende

Veränderungen oder konkrete Auswirkungen des Ereignisses auf das Familienleben.

Besonders belastende Trauersituationen

Schwere Erkrankungen im engeren Familienkreis können ebenso wenig vor Kindern verborgen bleiben wie Todesfälle oder andere belastende Situationen. Auch wenn man nicht direkt darüber spricht, sind die Auswirkungen auf das Familienklima nicht zu übersehen, die spürbare Zeichen im Zusammenleben setzen. Deshalb ist es sinnvoller, die Kinder von vornherein in die Auseinandersetzung mit den schwierigen Situationen mit einzubeziehen und ihnen Orientierung und Hilfestellung anzubieten. Verschweigen, Vertuschen, Ablenken, Ausweichen – diese Strategien sind nicht geeignet, aufkeimende Ängste der Kinder zu beseitigen, sondern führen im Gegenteil zu einer Verschärfung ängstlicher Anspannung. Niemand wird die bei schweren Erkrankungen, schweren Verlusten oder Todesfällen auftretenden Ängste gänzlich von Kindern fernhalten oder verhindern können. Es sind Reaktionen auf dramatische Ereignisse und Ausdruck der inneren Situation des Kindes. Was man jedoch dem verunsicherten, ängstlichen und traurigen Kind anbieten kann, ist in erster Linie Zuwendung und die Pflege von gemeinsamen Aktivitäten, um den Ängsten nach und nach ihre Schärfe zu nehmen.

Eine ganz besondere Ausnahmesituation stellt der Tod eines Elternteils oder beider Eltern sowie der Tod von Geschwistern dar. Die von vielen Kindern im Laufe der Kindheit gestellte Frage »Kannst du auch sterben?« verliert hier ihre theoretische Bedeutung, und die hinter dieser Frage stehende Angst vor der tiefen Einsamkeit, vor einem schrecklichen Alleinsein nimmt konkrete Gestalt an. Der sonst so sichere Boden beginnt zu schwanken, die Wände des Hauses »Familie« drohen einzustürzen und die seelischen Reaktionen kommen einem zerstörerischen Wirbelsturm gleich. Für viele Kinder bedeutet ein solches Erlebnis das abrupte Ende einer behüteten Kindheit.

Zusätzlich zu den alterstypischen Ängsten tauchen verstärkt Ängste vor jeder Art von Trennung von Vertrautem auf. Häufig haben Kinder in einer solchen Situation auch Angst vor den eigenen Gefühlen und fürchten, dem Ansturm von Verzweiflung nicht gewachsen zu sein. Instinktiv greifen sie auf magische Praktiken zurück und halten oft ganz lange daran fest, dass das alles nicht wahr ist, was geschah. Darin kommt zum einen die typische Erstreaktion der Trauer zum Ausdruck, zum anderen spiegelt sich darin aber auch der verzweifelte Versuch wider, die geliebten Menschen von einem ewigen Verschwinden ins Reich der Toten abzuhalten. Sinngemäß sagt sich das Kind: »Solange ich ganz fest glaube, dass Papa lebt, kann er nicht sterben.« Kinder versuchen sich so vor ihren eigenen Ängsten zu schützen. Für die erste Zeit unmittelbar nach dem Todesfall kann das auch sinnvoll sein. Nach einiger Zeit sollten Kinder aber behutsam aus dieser Trauerverweigerung herausgeführt werden. Eine gute Möglichkeit bieten hier Gespräche über den verstorbenen Menschen und ein gemeinsames Erinnern.

Viele belastende Gefühle, Gedanken und Fragen tauchen nach dem Tod eines Elternteils oder von Geschwistern auf – manchmal bleiben sie tief im Herzen der trauernden Kinder verborgen, manchmal können sie auch ausgesprochen werden: »Warum ist gerade meine Mama gestorben?«, »Warum war ich nicht braver?«, »Wer wird jetzt für mich sorgen«?, »Was muss ich tun, damit so was nie mehr passiert?«, »Hätte ich nur besser gefolgt!«, »Muss ich auch bald sterben?« Auch wenn nicht alle Fragen zu beantworten sind, ist es ganz wichtig, an der Seite der fragenden Kinder zu bleiben und sie zu ermutigen, ihre Gedanken und Gefühle auszudrücken. Dabei ist nicht nur an Gespräche zu denken, sondern auch an Zeichnen, Malen oder Schreiben. Einige Fragen lassen sich jedoch auch direkt beantworten. Dadurch kann das Kind Sicherheit zurückgewinnen und Stück für Stück wieder festeren Boden unter den Füßen spüren. Besonders auf die Frage »Wer sorgt für mich?« muss in deutlicher und klarer Sprache eine Antwort gefunden werden. Der Einbruch im Familiengefüge wird sehr viel Umstellung und Neuorientierung von allen Familienmitgliedern verlangen – umso wichtiger ist es, dem Kind Orientierungshilfen und ganz klare Anhaltspunkte zu geben.

Ein weiteres Thema, das offen und sehr klar behandelt werden muss, ist die Angst, am Tod des Vaters oder der Mutter, des Bruders oder der Schwester schuld zu sein. »Bin ich schuld?« – diese Frage ist Ausdruck einer großen Angst, durch ein bestimmtes Verhalten oder einen bösen Gedanken das Unheil ausgelöst zu haben. Hier muss dem

Kind in aller Deutlichkeit gesagt werden, dass weder sein Verhalten noch seine Wünsche, Gedanken oder heimlich ausgesprochenen Worte den Tod verursacht haben. Je stärker Kinder noch der magischen Gedankenwelt verhaftet sind, desto eher wird diese Angst vor der Schuld am Tod zum Vorschein kommen. Geduldiges Wiederholen und eine unmissverständliche Ausdrucksweise sind hier besonders wichtig.

Wenn der Tod ganz konkrete Spuren in einer Familie hinterlässt, können schon bei kleinen Kindern Fragen im Raum stehen, die sonst erst zu einem viel späteren Zeitpunkt gestellt werden, beispielsweise: »Muss ich jetzt auch sterben?« Gerade wenn die Beziehung zu dem Verstorbenen besonders eng und vertraut war, fühlen sich Kinder wie amputiert und sind so verunsichert, dass sie sich ein selbstständiges Leben ohne diesen Menschen gar nicht vorstellen können. Bei Erwachsenen kennt man als vergleichbare Reaktion ein »Ich will jetzt auch nicht mehr leben«. Der Lebenswille ist bei Kindern jedoch in den allermeisten Fällen noch ungebrochen, und erst bei Jugendlichen zeigen sich erstmals suizidale Äußerungen, wenn sie den Tod geliebter Menschen erleben müssen. Neben der Bereitschaft, sich immer wieder auf die Fragen einzulassen, muss dem Kind klar vor Augen geführt werden, dass es leben »darf« und das Leben Freude macht. Da sich die betroffenen Familienmitglieder häufig überfordert fühlen, können Freunde, Verwandte, Nachbarn oder externe Betreuer in diesen Situationen zu ganz besonders wertvollen Hilfen und Stützen werden.

Schließlich sei noch auf die schwierige Situation von Kindern hingewiesen, die den Tod eines Bruders oder einer Schwester verkraften müssen. Oft liegt eine schwere Zeit der Krankheit hinter der Familie, ausgefüllt mit Pflege, Sorgen, Ängsten. Sehr häufig erleben die gesunden Kinder die Zeit der Krankheit ihrer Geschwister als äußerst bedrückend, fühlen sich zurückgesetzt, nicht wahrgenommen und meinen, immer nur Rücksicht nehmen zu müssen. Sie spüren die Sorgen der Eltern, erleben aber auch fehlende persönliche Zuwendung, mangelnde Zeitreserven und den indirekt an sie gerichteten Wunsch, möglichst keinen zusätzlichen Stress zu machen. Da können sich schon manche negativen Gedanken, Wünsche – »Verwünschungen« – einschleichen und Ärger, Wut oder Enttäuschung nehmen für Augenblicke Gestalt an. Stirbt dann der Bruder oder die Schwester, brechen nicht nur großer Schmerz und große Trauer aus, sondern es macht sich auch Angst breit: Angst vor der Mitschuld oder Schuld, Angst vor dem Alleinsein, Angst, noch andere wichtige Menschen zu verlieren, und schließlich die Angst, den Eltern zusätzlichen Kummer zu bereiten.

Da die Eltern meist so tief in ihrer eigenen Trauer versunken sind – der Tod eines Kindes gehört mit zu den schwersten Belastungssituationen im Leben eines Menschen –, bleibt wenig bis keine Kraft, das trauernde Geschwisterkind oder die trauernden Geschwisterkinder ausreichend zu begleiten. Experten sprechen in diesem Zusammenhang auch von den sogenannten »vergessenen Trauernden« und verweisen auf den Umstand, dass mit dem Tod eines Kindes die zurückbleibenden anderen Kinder plötzlich und unverhofft aus ihrem Kindsein vertrieben werden. Fröhlichkeit und Unbeschwertheit weichen einer Ernsthaftigkeit und der Sorge, die Eltern zu unterstützen – und sei es »nur« durch Unterdrücken der eigenen Gefühle und ein möglichst »braves« Verhalten. Hier sind externe Begleiter und professionelle Unterstützung, wie sie in Österreich die sogenannten Rainbow-Gruppen (www.rainbows.at) anbieten, besonders sinnvoll und wichtig. Es wird dadurch leichter möglich, sowohl der gesamten Familie als auch jedem einzelnen Familienmitglied zu helfen, ein neues Gleichgewicht zu finden und dem verstorbenen Kind einen Platz zu geben. Dies kommt an Jans Beispiel sehr schön zum Ausdruck:

Nach Jans Tod haben die Eltern und seine beiden Schwestern Dorit und Maren lange nach einem Ort gesucht, um Jan nahe zu sein. Der Friedhof war ebenso wenig der richtige Platz wie das aufgestellte Foto, auf dem Jan sie alle so fröhlich anlacht. Eine Freundin brachte die Idee vom Jan-Baum in die Familie, und alle erinnerten sich, wie gern Jan in gesunden Tagen auf Bäume geklettert war. So beschlossen sie, für Jan einen Baum zu pflanzen, und luden alle seine Freunde und die Verwandten ein, dabei zu sein, wenn der Baum gepflanzt wird. Dieser Platz wurde im Laufe der Wochen, Monate und Jahre zu einem wichtigen Ort, an dem die Eltern, Dorit und Maren ihre Tränen fließen lassen konnten, sich gemeinsam oder allein an Jan und das Leben mit ihm erinnerten oder ihm einfach nur nahe sein konnten.

3. Wenn die Familie zerbricht: »Kommt Papa wieder?«

Das Verarbeiten von Trennungen und Verlustsituationen gehört zu jedem Kinderleben und ist eine wichtige Entwicklungsaufgabe, bei der das Kind auf die Unterstützung und Begleitung liebevoller Menschen angewiesen ist. An erster Stelle stehen hier die Eltern und das engere soziale Umfeld, in dem das Kind heimisch und vertraut ist. Auch wenn sich das soziale Netz nach und nach erweitert und mehrere »Außenstationen« im Ernstfall angelaufen und um Rat gefragt werden können, bleibt die Möglichkeit, im »Heimathafen« Kraft und Hilfe zu bekommen, doch sehr lange Zeit – für viele Menschen ein Leben lang – bedeutsam. Und so stellt das Auseinanderbrechen der Familie, wie es durch Trennung und Scheidung der Eltern ausgelöst wird, eine spezielle Belastung dar.

Eine Scheidung ist insofern eine besondere Trennungs- und Verlustsituation, als die Eltern als Tröster und Helfer in der bisher gewohnten Weise ausfallen. Der Kern des Problems ist, dass die Urquelle aller Sicherheit, Unterstützung und Hilfestellung bei einer Scheidung zu versiegen droht und das Kind sich nicht auf sicheren häuslichen Boden zurückziehen kann. Ein weiteres typisches Merkmal dieses besonderen Trennungserlebnisses besteht darin, dass die »eine Welt«, bestehend aus Mama und Papa, plötzlich auseinanderbricht und in zwei Welten zerfällt, die nebeneinander bestehen bleiben: eine »Mama-Welt« und eine »Papa-Welt«. Anders als beispielsweise bei einem Todesfall, wo es um einen endgültigen Abschied geht, verlangt eine Scheidung spezielle Akzente in der Trauerarbeit, bei der es verstärkt um die Integration einander widersprechender Gefühle, das Aufarbeiten von Schuldgefühlen und Trennungsängsten sowie eine gänzliche Neugestaltung des Umgangs der Familienmitglieder miteinander geht. Das Kind muss lernen, den einen gemeinsamen Weg der Vergangenheit zurückzulassen und seine Schritte auf zwei neue Wege in die Zukunft hin zu lenken. Verschärft wird die Situation meist noch durch das gespannte emotionale Klima, das eine klare Orientierung erschwert und für innere Verwirrung und chaotische Seelenzustände sorgen kann. Dies alles bereitet den Boden für zahlreiche Ängste, in deren Mittelpunkt die Sorge steht, ganz allein zurückzubleiben und alles zu verlieren, was dem Kind lieb und teuer ist.

Dass solche Erfahrungen durchaus nicht das Schicksal einiger weniger Kinder und Jugendlicher ist, zeigt ein Blick auf die Bevölkerungsstatistik. Die Scheidungsrate in den meisten westlichen Industriestaaten hat in den letzten Jahrzehnten drastisch zugenommen und klettert Jahr für Jahr weiter nach oben. Am Beispiel der deutschen Entwicklung, wie sie den Daten des statistischen Bundesamts in Wiesbaden zu entnehmen sind,[5] lässt sich die Situation sehr deutlich nachzeichnen: Im Jahr 1960 lag die Scheidungsrate bei 8,1 %, 1970 bei 17,2 %, 1980 bei 26,6 %, 1991 bei 30 % und 2001 bei 50,7 % – Tendenz steigend. Vergleichbare Angaben liegen auch für andere Länder vor. Hinter diesen nüchternen Zahlen verbirgt sich das Ende von Hoffnungen, glanzvollen Ideen und dem Glauben an eine Liebe, die allen Anfeindungen gewachsen sein kann. Es ist das »Aus« einer gemeinsamen Lebensplanung, in der meistens Kinder einen besonderen Platz innehatten. So schmerzlich, schlimm, unangenehm und belastend eine Trennung für die Partner selbst sein mag, so bleibt sie doch ausschließlich in ihrer Verantwortung. Sie sind die Hauptakteure und können den Gang der Dinge beeinflussen. Anders sieht das für die betroffenen Kinder aus. Sie sind den Geschehnissen einfach ausgeliefert und müssen erfahren, dass alles, was einmal Sicherheit, Schutz und Geborgenheit gegeben hat, ins Wanken gerät.

Die Entscheidung der Eltern, nicht mehr gemeinsam durchs Leben zu gehen, hebt die Kinderwelt schnell aus den Angeln und löst in aller Regel viele Ängste und Irritationen aus. Das Ende einer Ehe bedeutet für die Kinder die Konfrontation mit vielen negativen Gefühlen und mit einer ganzen Bandbreite von Veränderungen. Der Wegfall unzähliger Selbstverständlichkeiten hinterlässt Spuren und verlangt eine hohe Anpassungsleistung. Kinder reagieren auf unterschiedliche Weise auf den Einbruch ihrer mehr oder weniger heilen Welt. Dies wird vom Alter, von der Persönlichkeit des Kindes, aber auch von der Art und Weise beeinflusst, wie die Eltern ihren Kindern die Situation nahebringen und wie groß ihre Bereitschaft ist, gemeinsam die Last der Scheidung zu tragen und sich nicht gegenseitig die Schuld zuzuschieben.

Bevor die Eltern sich zu dem endgültigen Schritt einer Trennung entschließen, laufen meist über einen längeren Zeitraum viele belastende Prozesse ab, die dem Kind nicht verborgen bleiben. In der einen Familie wächst über Wochen und Monate hin beispielsweise ein eisiges Schweigen zwischen den Eltern, und es gibt keinen Hauch von Fröhlichkeit mehr. Bei anderen Familien steht vielleicht ein handfester Streit im Vordergrund oder ein erbitterter Kampf um den Partner, der das gemeinsame Heim verlassen möchte. Streitereien, die nicht mehr mit einer Versöhnung beendet werden, verbitterte Gesichter ohne Lächeln, das Fehlen jeder zärtlichen Geste zwischen den Eltern oder laut ausgesprochene Vorwürfe und Beschimpfungen, die immer wieder im Raum stehen, machen Kindern deutlich, dass die Eltern »sich nicht mehr lieb haben«. Meistens entwickeln sie sehr sensible Antennen für unterdrückte Aggressionen, unausgesprochene negative Gedanken und »angedachte« Trennungsszenarien. Sie »ahnen«, dass etwas in grober Unordnung ist.

Viele Kinder haben nicht den Mut, ihre Eltern zu fragen, was denn los sei. So ganz auf sich allein gestellt, reimen sie sich ihre eigenen Wahrheiten zusammen. Da passiert es dann oft, dass heimlich Schuldgefühle hochsteigen und die Kinderseele vergiften. »Haben sich Mama und Papa nicht erst neulich wegen mir so gestritten? Sicher sind es meine schlechten Schulnoten, die schuld an allem sind!« Solche und ähnliche Gedanken entspringen einem »Halbwissen« um die Dinge, die sich in der Familie abspielen und nicht klar ausgedrückt werden.

Wenn eine Trennung ins Haus steht

Viele Kinder fühlen sich am Zerbrechen der Beziehung ihrer Eltern mitschuldig, haben böse Erfahrungen mit Streitereien um ihretwillen erleben müssen oder meinen, den Erwartungen der Eltern nicht zu entsprechen und so deren Entfremdung eingeleitet zu haben. Auf Seiten der Eltern besteht häufig der Wunsch, möglichst lange die Kinder aus der negativen Entwicklung herauszuhalten, um ihnen dadurch »vieles ersparen zu können«. Doch es ist für Kinder viel belastender, den eigenen Vermutungen und Ahnungen ausgeliefert zu sein, als von den Eltern darüber informiert zu werden, was sie ohnehin spüren. Klare, kindgerechte Worte vermitteln dem Kind die Gewissheit, dass es seinen Gefühlen und Wahrnehmungen trauen kann, und vermögen manche überzogene Fantasie zu entschärfen. »Ich kann meinen Gefühlen trauen, ich bin nicht ganz verrückt, ich habe doch Recht gehabt« – diese Sätze können am Ende eines intensiven Gesprächs stehen, bei dem durch zusätzliche Fragen Unsicherheiten an- und ausgesprochen werden sollen.

Ziel einer ersten Annäherung an eine bevorstehende Trennung muss sein:

- dem Kind deutlich zu machen, dass es keine Mitschuld trifft,
- dem Kind zu vermitteln, dass seine Gefühle es nicht belogen haben,
- dem Kind zu versichern, dass man es nicht allein lässt, auch wenn sich vieles verändern wird,
- dem Kind jene Informationen zu geben, die ihm eine Neuorientierung erleichtern,
- dem Kind Zeit für – auch unbequeme – Fragen einzuräumen.

Wie Kinder auf die Scheidung der Eltern reagieren

Scheidungen gehören zu jenen Lebensereignissen, die auch als existenzielle Krisen bezeichnet werden und sowohl bei den Ehepartnern als auch bei den davon mitbetroffenen Kindern einen intensiven Trauerprozess auslösen. Die besondere Schwierigkeit für Kinder besteht darin, dass ein »normales« Trauern, wie es nach Abschieden oder auch nach einem Todesfall geschieht, oft nur eingeschränkt möglich ist. Das Kind kann sich nur sehr selten auf die unterstützende Hilfe der Eltern verlassen – im Gegenteil: Es wird oft in deren Bewältigungskampf mit hineingezogen und muss erst lernen, einen neuen Platz im Familiengefüge zu finden. Wenn die Eltern sich trennen, können verschiedene Trauerreaktionen der Kinder wie offen gezeigte Wut, Gefühls- oder Tränenausbrüche ebenso problematisch werden wie der direkt ausgesprochene Wunsch nach Wiederversöhnung der Eltern. All dies würde aber zu einem normalen und gesunden Trauerverhalten dazugehören.

Wo es die Umstände zulassen, dass Kinder bei einer Scheidung in den Trauerprozess eintauchen, lassen sich einige typische Merkmale beobachten. Zu Beginn der Krisenzeit, in der es immer deutlicher wird, dass es keine gemeinsame Zukunft für die Familie gibt, verschließen die meisten Kinder konsequent die Augen vor der Realität. Sie betonen oft ihre Gefühle der Zugehörigkeit zu beiden Eltern, hören weg, wenn über bevorstehende Veränderungen gesprochen wird, und halten in Gesprächen mit Dritten die Illusion einer intakten Familie aufrecht. Dieser Phase des »Nicht-wahrhaben-Wollens« folgt eine Zeit der »aufbrechenden Gefühle«, in der angestaute Empfindungen nicht mehr zurückgehalten werden können. Wut, Zorn, Anklage und viele Verhaltensweisen, die als »schwierig« oder »auffallend« bezeichnet werden, signalisieren, wie sehr die Kinder emotional verunsichert sind. Im Anschluss daran setzt eine Zeit ein, in der intensiv nach Möglichkeiten gesucht wird, den Riss durch die Familie zu kitten. Kinder organisieren zum Beispiel gemeinsame Mahlzeiten und Ausflüge oder bestehen auf der Anwesenheit beider Eltern beim Schlafengehen und ähnlichen Fixpunkten im Tagesablauf. Manche gehen in ihrem Bemühen um eine Versöhnung der Eltern unbewusst so weit, dass sie erkranken – in der stillen inneren Hoffnung, die Eltern mögen sich am Krankenbett doch endlich versöhnen. Erst wenn deutlich wird, dass sie nicht in der Lage sind, den Gang der Dinge aufzuhalten, überfällt sie eine tiefe Traurigkeit, die mit starken Versagensgefühlen gekoppelt ist, mussten sie doch erleben, dass trotz all ihrer Bemühungen um Versöhnung die Eltern nicht mehr zueinander finden. Zu dem »ich bin schuld« kommt noch ein »ich kann sie nicht zusammenhalten«.

Mögliche Reaktionen sind neben einem Rückzug und einem Verstummen auch ungezügelte aggressive Ausbrüche der Klage und Anklage. Erst nach und nach können die vielen Abschiede vollzogen werden, die für das Kind mit einer Scheidung der Eltern verbunden sind. Es braucht eine geraume Zeit – viele Monate –, bis der Trauerweg aus dem Tal der Tränen wieder zurück ins Sonnenlicht führt und den Kindern bewusst wird, welche Fähigkeiten sie zur Bewältigung der schlimmen Erfahrungen haben, wie sie sich mit allem arrangieren können und dass doch der einen oder anderen Veränderung etwas Positives abzugewinnen ist. Untersuchungen haben gezeigt, dass rund ein Viertel aller Scheidungskinder auch noch ein bis zwei Jahre nach der Trennung ihrer Eltern Trauerreaktionen zeigt, wobei dies häufiger bei Jungen als bei Mädchen vorkommt.

Überall dort, wo das Ausleben der Trauer nicht möglich ist, verkriecht sie sich gleichsam in dunkle Ecken, versteckt sich hinter angepasstem Verhalten oder kommt in gesteigerten Trennungsängsten, Leistungsabfall und sozialen Problemen zum Vorschein. So leiden viele Scheidungskinder nicht nur unter dem Verlust ihrer inneren – und manchmal auch äußeren – Heimat, sondern zusätzlich noch unter den erschwerten Bedingungen der Verarbeitung ihrer Trauer. Besonders häufig vorkommende Reaktionen sind zum einen Klammern, abhängiges Verhalten und ein ausgeprägtes Bedürfnis nach enger Bindung an einen Elternteil oder aber ein beschleunigter Reifungsprozess, der schließlich zu einer frühen Ablösung vom Elternhaus führen kann.

Viele Eltern sind in der Zeit rund um eine Scheidung selbst äußerst belastet und angespannt, sodass sie nur bedingt in der Lage sind, sich auf ihre Kinder optimal einzustellen. Hier können externe Ansprechpartner, die emotional weniger verstrickt und nicht auf Seiten einer »Partei« stehen, ganz wichtige Hilfestellungen geben. Ein Beispiel sehr gelungener professioneller Arbeit stellen die schon erwähnten österreichischen Rainbows-Gruppen dar, die sich zum Ziel setzen, Kindern »in stürmischen Zeiten« beizustehen und sie dabei unterstützen, ihren Trauergefühlen Ausdruck zu geben und in der neuen Familienlandschaft wieder Fuß zu fassen (www.rainbows.at).

Was Eltern tun können: Anregungen und Hilfestellungen

Die generelle Annahme, dass es Scheidungskinder im Leben schwerer haben, häufiger unter sozialen und schulischen Problemen leiden und als Erwachsene selbst wiederum öfter Probleme in Beziehungen haben, scheint sich in vielen Fällen zu bestätigen. Dennoch muss das nicht zwangsläufig so sein. Und so ist es besonders wichtig, jene Aspekte aufzuzeigen, die es Kindern möglich machen, an den Erfahrungen zu wachsen und positive Beziehungen zu beiden Elternteilen aufzubauen bzw. zu pflegen. In diesem Zusammenhang wird der Begriff »gelungene Scheidung« oft verwendet und meint damit nicht so sehr die optimale Regelung materieller Angelegenheiten – so wichtig dies auch ist –, sondern vielmehr das Schaffen von Rahmenbedingungen, in denen Kinder wieder festen Boden unter ihren Füßen gewinnen, ihre Ängste bewältigen und sich gut entwickeln können.

Wenn eine Scheidung im Raum steht, sollten folgende Aspekte im Umgang mit den Kindern berücksichtigt werden:

- *Ehrlicher Umgang mit den Kindern:* Eine der größten Ängste von Kindern, die erleben müssen, dass sich ihre Eltern trennen, ist die Sorge, selbst daran schuld zu sein. Eltern sind für Kinder Erwachsene, die so viel mehr können und wissen als sie selbst, die ihnen helfen, das Leben zu verstehen und zu meistern, und bei vielen Problemen und Schwierigkeiten Rat wissen. So liegt es nur allzu nahe, dass sich Kinder nicht vorstellen können, dass die Eltern selbst nicht mehr weiterwissen und ihre Probleme nicht meistern können. Als Erklärung für das, was sich vor ihren Augen abspielt, wird dann häufig das eigene Verhalten herangezogen, wie das Beispiel von Christian deutlich macht:

Der sechsjährige Christian ist ein ungestümer kleiner Draufgänger, der von seiner Mutter immer wieder ermahnt und ausgeschimpft wird, wenn er zu wild durch die Wohnung saust. Vieles ist schon zu Bruch gegangen; auch im Umgang mit den Spielkameraden ist Christian oft in wilde Raufereien verwickelt. Der Vater wirft seiner Frau ein zu nachsichtiges Verhalten vor und versucht immer wieder, die Zügel etwas straffer zu ziehen. Nicht nur die Erziehungsvorstellungen beider weichen drastisch von einander ab, auch sonst gibt es viele Unstimmigkeiten. Die Ehe der Eltern beginnt zu bröckeln, die Vorwürfe des Vaters häufen sich und Christian erlebt immer wieder, dass sich die Eltern in der Nacht streiten. Dann kann er nicht mehr schlafen, meint in der Dunkelheit wilde Tiere herumschleichen zu hören und fühlt sich elend. Als die Mutter ihm eines Tages eröffnet, dass der Vater ausziehen wird, ist Christian felsenfest davon überzeugt, dass er und sein »Wildsein« an allem schuld ist. Seine nächtliche Angst nimmt zu und bei Tag überlegt er, was er alles unternehmen könnte, um den Vater wieder zurückzuholen.

Kinder erleben sehr oft die Trennung der Eltern als Abkehr von der eigenen Person und weniger als Auseinandergehen von Mama und Papa aufgrund unüberbrückbarer Gegensätze, anderer Vorstellungen oder des Wunsches, mit einem anderen Menschen zusammenzuleben. Sie erleben sich selbst als Mittelpunkt der Welt und können nur schwer akzeptieren, dass sie keinen Einfluss auf die bedrohliche Entwicklung haben. Es ist ganz wichtig, den Kindern in einer altersgerechten Form die Gründe für die Trennung ehrlich mitzuteilen und besonders darauf zu achten, dass ihnen die Last der fantasierten Schuld genommen wird: Kinder sind nicht schuld daran, dass sich ihre Eltern zu einer Trennung entschließen, sie sind aber auch nicht in der Lage, diese Trennung zu verhindern. Es ist ein schwieriger Prozess zu lernen, dass das eigene Wirken und Handeln Grenzen hat. Die Entscheidung der Eltern zu einer Scheidung liegt nicht im kindlichen Einflussbereich – dies ist eine harte Wahrheit, der sich Kinder stellen müssen und dabei die Unterstützung der Eltern brauchen.

Der Entschluss, getrennte Wege zu gehen, sollte einerseits natürlich reiflich überlegt, andererseits unabhängig von den Kindern getroffen werden. Die Erfahrung zeigt, dass Beziehungen, die nur der Kinder wegen aufrechterhalten werden, meist keinen guten Boden für ein gesundes Heranwachsen darstellen. Ein klarer Schnitt mit eindeutigen und überschaubaren Verhältnissen ist für eine positive Entwicklung der Kinder in aller Regel viel besser als das Erleben eines jahrelang schwelenden Konflikts. Die zehnjährige Agnes drückt das so aus:

>»Als mir die Eltern sagten, Papa werde nun doch endgültig ausziehen, war endlich klar, wie das mit uns allen weitergeht. Das ewige Hin und Her, die ewigen Streitereien und Vorwürfe – das war ganz schrecklich. Ich hatte oft das Gefühl, keine Luft mehr zu bekommen, und wusste schon gar nicht, wie ich mich verhalten soll. Immer diese Angst, was falsch zu machen ... Jetzt ist es entschieden. Mir geht es schon viel besser, und wenn ich Papa besuchen gehe, kann ich mit ihm Spaß haben, ohne dass Mama so komisch schaut.«

Zu einem ehrlichen Umgang mit dem Kind gehört auch, über die Folgen der Trennung zu sprechen – etwa bei wem und wo das Kind in Zukunft leben wird, wer das Sorgerecht hat und was das bedeutet oder wie die Besuchsregelungen abgesprochen sind, die dem Kind einen Kontakt zum nichtanwesenden Elternteil ermöglichen. In vielen Fällen hat es sich als äußerst sinnvoll erwiesen, in dieser Situation auf die Angebote der sogenannten Mediation zurückzugreifen, einer Methode, bei der ein Mediator die Rolle eines unparteiischen Dritten einnimmt und die Verhandlung zwischen den Streitparteien nach einem strukturierten Ablauf leitet. Die Mediation fragt nicht nach »Schuld«, sondern widmet sich ausschließlich der Frage, wie man in Zukunft miteinander umgehen möchte.

- *Ehrlicher Umgang mit sich selbst:* Das Scheitern einer Beziehung ist für die betroffenen Partner immer eine große Belastung und häufig mit einem massiven Einbruch des Selbstwertgefühls verbunden. Unabhängig davon, wo die Gründe für die Trennung gesucht, wie sie benannt oder wem sie zugeschrieben werden, ist das Ende einer Partnerschaft mit Verlustängsten, Enttäuschungen und Trauer verbunden. Verschärft wird die Situation noch dadurch, dass man mit der eigenen Entscheidung auch das Leben anderer – allen voran der Kinder – massiv beeinflusst. Vielen Eltern bereitet es große Schwierigkeiten, sich der Schuld zu stellen, die sie auf sich laden, wenn sie beschließen, getrennte Wege zu gehen – ganz unabhängig davon, wem »offiziell« die Schuld zugesprochen wird. Für die Kinder ist es wichtig, dass ihre Eltern bereit und in der Lage sind, das Scheitern ihrer Ehe auch ganz auf sich zu nehmen. Dadurch können sie verhindern, dass Kinder allzu tief in die Schuldfrage hineingezogen werden und sich mitschuldig fühlen. Fachleute sprechen in diesem Zusammenhang von der großen Bedeutung der sogenannten »verantworteten Schuld«, die einen ehrlichen Umgang mit der Situation ermöglicht und Kinder nicht in zusätzliche seelische Nöte bringt.

- *Unterstützende Haltung:* Eine Scheidung beansprucht die Betroffenen in mehrfacher Hinsicht, und es ist verständlich, dass sich viele Eltern wünschen, ihre Kinder mögen einfach ihr Kinderleben weiterleben, anstatt durch ihre Reaktionen noch zusätzlich Schwierigkeiten zu machen und dadurch das elterliche schlechte Gewissen zu verstärken. Doch wenn die Familie auseinanderbricht, wenn Mama und Papa nicht mehr die Einheit sind, auf die sich das Kind verlassen kann und auf die es baut, dann tauchen Ängste auf und Trauer macht sich breit. Es ist wichtig, den Kindern diese Trauer zuzugestehen und es auszuhalten, dass man ihnen diesen Schmerz zugefügt hat.

Die Art und Weise, wie Kinder in ihrer Trauer reagieren, wird sehr unterschiedlich sein und auch in diesem Fall vom Alter, Entwicklungsstand, von der Persönlichkeit und den äußeren Bedingungen abhängen. Eltern sollten wissen, wie sich Kinder im Allgemeinen bei Trauer verhalten. Dadurch können sie dann die individuellen Verhaltensweisen ihrer eigenen Kinder besser einordnen und als das sehen, was sie sind: Ausdruck eines legitimen seelischen Schmerzes. Statt überzogene Erwartungen an die Kinder zu stellen, sich rasch an die neue Situation anzupassen und die positiven Aspekte des »neuen Lebens« zu sehen, ist es in einem ersten Schritt wichtig, die kindliche Trauer zu akzeptieren und ernst zu nehmen. Die Kinder brauchen die Gewissheit, dass sie traurig sein dürfen. Es ist wichtig, dass die Eltern ihre Kinder dabei unterstützen, ihre Gefühle auszusprechen und ihre Trauer auszuleben. Auch brauchen sie Verständnis dafür, dass sie im Moment eine schwierige Zeit durchleben und immer wieder auch einige Schritte in der Entwicklung zurückgehen – sie brauchen vielleicht wieder eine offene Schlafzimmertür, finden nicht rechtzeitig den Gang zur Toilette, fühlen sich überfordert, allein im Kindergarten zu bleiben, oder können sich in der Schule gar nicht so recht konzentrieren. Auf regressive Wünsche – z. B. vermehrtes Kuschelbedürfnis, Wiederhervorholen alter Rituale, gesteigerte Anhänglichkeit – sollten die Eltern in der ersten Zeit nach der Trennung eingehen, in aller Regel werden sie rasch wieder vergehen, wenn das Kind wieder Vertrauen in die Zukunft gewinnt.

Ein besonders heikler Punkt für Geschiedene ist die Trauer der Kinder um den jeweiligen Ex-Partner. Es gehört schon eine gehörige Portion Toleranz und innere Größe dazu, sich in der Begleitung der Kinder mit abfälligen, negativen oder kritischen Worten über den Ex-Partner zurückzuhalten und den Schmerz des Kindes nicht als Angriff gegen die eigene Person oder als Kritik am eigenen Verhalten zu verstehen.

Frau S. berichtet beispielsweise ganz aufgelöst, dass sie es kaum mehr ertragen kann, dass ihre Tochter jeden Abend schrecklich weint und immer wieder nach ihrem Papa ruft. Die Klagen ihrer Tochter Klara schneiden ihr ins Herz und sie fühlt sich doppelt als Versagerin – einmal durch die gescheiterte Ehe, zum anderen durch ihre scheinbare Unfähigkeit, ihrer Tochter ausreichend Liebe zu schenken. Für Frau S. ist es sehr wichtig, dass sie Unterstützung darin bekommt, die Nöte des Kindes nicht mit ihrem Mutterverhalten in Zusammenhang zu bringen. Klara braucht die »Erlaubnis« der Mutter, um ihren Papa weinen zu dürfen. Die Tränen der Kleinen haben nichts mit dem Ausmaß der Fürsorge und Liebe ihrer Mutter zu tun, sondern sind die adäquate Reaktion auf den Verlust ihres Vaters. Nur langsam gelingt es Frau S., dies zu akzeptieren und ihre Tochter dabei zu unterstützen, ihrem Papa kleine Briefchen zu schreiben und Zeichnungen zu machen. Der Austausch in einer Selbsthilfegruppe hilft ihr bei ihren Bemühungen sehr, mit der Scheidungssituation und ihrer neuen Mutterrolle klarzukommen.

Kinder haben oft sehr starke Loyalitätskonflikte und wissen nicht so recht, wie sie sich verhalten sollen. Sehr oft sehen sie sich in der Situation, einen Spagat zwischen den Eltern machen zu müssen und ihre Gefühle und Äußerungen »mamagerecht« oder »papagerecht« zu verpacken. Hier können Eltern entlastend einwirken, in dem sie den Kindern nicht nur theoretisch zugestehen, eine Beziehung zum anderen Elternteil zu pflegen, sondern ihnen dies auch ganz offen erlauben oder die Kontaktaufnahme sogar unterstützen. Je älter die Kinder sind, desto größer wird auch das Bedürfnis sein, diese Beziehung sehr persönlich nach ihren eigenen Vorstellungen zu gestalten. Ein »Schlecht-Reden« des Ex-Partners oder der Ex-Partnerin sollte in jedem Fall vermieden werden, weil sich Kinder dadurch immer auch selbst teilweise entwertet fühlen. Immer wieder gilt es zu bedenken, dass nicht die Kinder die Scheidung vollzogen haben, sondern dass sie durch die Entscheidung der Eltern gezwungen sind, sich mit der neuen Situation so gut es geht zu arrangieren. Das braucht ein verständnisvolles Umfeld, Geduld, Zeit und die Möglichkeit, selbst in neue Beziehungen hineinzuwachsen – auch in neue Familiengefüge mit Stiefeltern, Stiefgeschwistern und anderen »neuen« Familienmitgliedern.

• *Beiträge zur Angstminderung:* Die Zeit rund um eine Scheidung ist geprägt durch ein Zerbrechen aller bisher gültigen Regelungen und Abmachungen, es ist eine Zeit der Unsicherheit und Ungewissheit. Was heute noch zählt und wichtig ist, kann morgen schon wieder verworfen werden. Was Mama beschließt, kann von Papa verteufelt werden, was Papa für richtig hält, kann Mama zum Ausrasten bringen. Solche Erfahrungen machen so gut wie alle Kinder, deren Eltern sich trennen. Aus zahlreichen wissenschaftlichen Arbeiten ist bekannt, dass ein hohes Maß an Unsicherheit – wie sie eben auch durch eine Scheidungssituation entsteht – der beste Nährboden für die Entstehung von Angst ist. Wie bei anderen Verlust- und Trennungssituationen auch, können zum einen die jeweils alterstypischen Ängste (vgl. S. 19 ff.) verstärkt auftreten, zum anderen kommen bestimmte situationsbezogene Inhalte zum Vorschein.

An erster Stelle sei hier die bereits angesprochene Angst der Kinder erwähnt, an der Trennung der Eltern schuld zu sein. Diese Angst kann zu extrem angepasstem Verhalten führen, zu einer insgesamt gesteigerten Ängstlichkeit, zu intensiven Trennungsängsten, einem Anstieg von Leistungs- und Versagensängsten sowie zu vielen Versuchen, die Eltern wieder zusammenzubringen. Um die Kinderseele von solcher Last zu befreien, ist es nicht genug, nur einmal darauf hinzuweisen, dass das Kind keine Schuld trifft. Es braucht viel Geduld, einfühlsame Worte und ein wachsames Auge, um die Nöte und Verzweiflungstaten der Kinder auch wahrzunehmen und entsprechend zu reagieren. Angstreduktion heißt in diesem Zusammenhang, die Kinder von einer Schuld oder Mitschuld freizusprechen und die Verantwortung für das Scheitern der Ehe auf die eigenen Schultern zu nehmen.

Eine andere Angst, die viele Kinder aus geschiedenen Ehen haben, ist die Sorge, auch noch den anderen Elternteil zu verlieren. Sie entwickeln manchmal fast schon zwanghafte Rituale, um »böse Geister«, Unheil, Krankheit oder andere »schlimme Sachen« von dem Erwachsenen fernzuhalten, bei dem sie leben und der das Sorgerecht für sie übernommen hat – nicht nur in juristischer Hinsicht. Diese Kinder brauchen viel Nähe, gemeinsames Tun und eine möglichst klare und überschaubare Betreuungsstruktur: Sie müssen wissen, wer für sie zuständig ist, wann sie abgeholt werden, an wen sie sich wenden und wie sie die Mama oder den Papa erreichen können. Sie brauchen immer wieder, Tag für Tag aufs Neue die Sicherheit, dass Mama sie noch liebt oder Papa für sie da ist. Die Erfahrung, dass die Welt nicht so sicher ist, wie sie einst dachten, macht sie tendenziell misstrauischer in Bezug auf Beziehungen und den Glauben an Verlässlichkeit und Unverletzbarkeit. In dieser Situation ist es sehr wichtig, über die nicht zu vermeidenden Einschnitte im Lebensablauf hinaus zusätzliche Veränderungen in der Umgebung, im Tagesablauf oder in den sozialen Kontakten möglichst zu vermeiden.

Trotz aller Bemühungen können sich viele kleine Unsicherheiten und Ängste in den Kinderalltag einschleichen und auch den einen oder anderen Rückschritt in der Entwicklung mit den jeweils typischen Ängsten auslösen. Mit Verständnis, Geduld und vielen kleinen Anregungen, die Furcht auszusprechen, »herauszumalen« oder »herauszuspielen«, ist diesen Ängsten am ehesten zu begegnen. Vielleicht kann man einige Dinge wieder hervorkramen, die schon einmal geholfen haben – kleine Rituale, Geschichten, Gesten, Gegenstände, Lieder oder Sprüche. Es tut den betroffenen Eltern oft selbst gut, sich gemeinsam mit dem Kind auf den sicheren Boden vertrauter Rituale der Vergangenheit zurückzuziehen und dort die nötige Kraft zu tanken, um die Zukunft mutig in Angriff zu nehmen. Dazu wird es auch nötig sein, die Art der Beziehungsgestaltung zum jeweils anderen Ex-Partner ins Auge zu fassen. Kinder sind da oft unsicher, haben Angst, jemanden zu verletzen, und wissen nicht so recht, wie sie sich mit den neuen Lebenspartnern der Eltern arrangieren sollten. Sie sind darauf angewiesen, dass man ihnen eine Hand entgegenstreckt und ihnen liebevoll begegnet.

Wichtige Aspekte für die Begleitung von Kindern, deren Eltern sich trennen:

- ehrlicher Umgang mit den Kindern,
- ehrlicher Umgang mit sich selbst,
- unterstützende Haltung,
- Beiträge zur Angstminderung.

Hilfestellungen je nach dem Alter des Kindes

Die konkreten Maßnahmen in der Begleitung von sogenannten Scheidungskindern müssen dem jeweiligen Alter angepasst werden. Worauf ist jeweils besonders zu achten?

- *Kinder unter drei Jahren:* Je jünger die Kinder bei der Scheidung der Eltern sind, desto stärker werden sie von der emotionalen Betroffenheit in ihrem sozialen Umfeld in Mitleidenschaft gezogen. Es ist für kleine Kinder zwar nicht zu verstehen, was sich im Wohnzimmer zwischen Papa und Mama tatsächlich abspielt, wenn lautstark über Trennung und das Ende einer Liebe gesprochen wird. Was das Kind aber spürt, ist die mitschwingende Stimmung, die sich wie eine große drohende Gewitterwolke dem Kinderzimmer nähert und zu heftigen seelischen Stürmen führt. Schutzlos ist das Kind den Blitzen ausgeliefert und ängstlich duckt es sich vor dem Donnergrollen elterlicher Streit- und Schimpftiraden. Wenn sich solche Erfahrungen häufen, fehlen dem Kind jene Ruhe und Gelassenheit, die es für eine harmonische Entwicklung braucht, und es kann mit ängstlichem nächtlichen Aufweinen, einem verstärkten Anklammern oder mit Rückschritten in der Entwicklung reagieren.

Die große Abhängigkeit vom emotionalen Klima innerhalb der Familie ist besonders bei sehr kleinen Kindern gegeben, bleibt aber weit über die ersten Lebensjahre hinaus noch Thema. Um die negativen Auswirkungen eines »vergifteten Familienklimas« in Grenzen zu halten, sollten die Kinder durch vertraute und liebevolle Menschen aus der direkten Schusslinie ehelicher Streitgespräche und Spannungen immer wieder herausgenommen werden. So gut es geht, sollte der Pflegerhythmus eingehalten werden und für ein stabiles Betreuungsnetz gesorgt werden, das dem Kind auch positive Stimmung, Lachen und Heiterkeit vermittelt. Auch ist daran zu denken, den Kontakt zum fehlenden Elternteil – meist handelt es sich um die Väter – immer wieder zu ermöglichen bzw. auch symbolisch aufrechtzuerhalten. Ein Telefonanruf, bei dem Papas Stimme gehört wird, ein Foto oder ein Geschenk vom letzten Besuch erleichtern die Verankerung in der Welt und verhindern eine allzu enge und ausschließliche Bindung an die Mutter. Dies setzt natürlich voraus, dass die Mutter sich selbst der Verarbeitung der Scheidung stellt und zum Wohl des Kindes ihm den Weg zum Vater und dessen Welt nicht abschneidet.

Auf Fragen der Kinder sollte man immer mit schlichten Worten antworten, wobei auf die Gefühle des Kindes zu achten ist. Detailschilderungen ehelicher Tragödien oder ein Ausbreiten der eigenen seelischen Verletzung und Betroffenheit sind zu vermeiden. Das Kind darf auch nicht in die Rolle eines »Ersatzpartners« hineingezogen werden und aus dem gesteigerten Bedürfnis nach Nähe und Zärtlichkeit enger als üblich an die eigene Person gebunden werden. Kontakt zu anderen alleinerziehenden Müttern oder Vätern mit Kindern, gemeinsame Aktivitäten mit Freunden und entlastende Gespräche, in denen aller Frust und »Seelenmüll« deponiert werden kann, helfen nicht nur den Erwachsenen, sondern indirekt auch den Kindern.

• *Kinder zwischen drei und ca. sechs Jahren* brauchen das Gefühl, dass Mama und Papa »für ewig und immer« ihre Mama und ihr Papa bleiben – auch wenn die Familie auseinandergebrochen ist und vielleicht ein Stiefvater oder eine Stiefmutter neu hinzukommt. Dem Kind muss glaubhaft versichert werden, dass es sich auf die Liebe der beiden leiblichen Eltern verlassen kann – auch wenn es sie nicht immer um sich hat. Hilfreich sind Gespräche über den abwesenden Elternteil, in dem das Kind frei über seine Gefühle sprechen kann – auch wenn das eine harte Probe für den anwesenden Elternteil ist. Für viele Kinder ist es wichtig, dass sie etwas ganz Konkretes vom abwesenden Elternteil in Händen halten können. Es sind in gewisser Weise die schon bekannten Übergangsobjekte (vgl. S. 27 ff.), die es Kindern leichter machen, von »einer Welt in eine andere zu gehen«. Bei Scheidungen übernehmen diese Gegenstände die Funktion, neben der Mama-Welt auch noch die Papa-Welt oder neben der Papa-Welt auch noch die Mama-Welt bei sich zu haben, wie es am Beispiel von Max deutlich wird:

Der kleine Max hat nach der Scheidung der Eltern von seinem Vater einen Stoffhund bekommen, den er überallhin mitnimmt. Für Max steckt in dem Hund die Kraft seines Papas, und er gibt ihm das Gefühl von Sicherheit und Schutz. Mit dem Hund unter dem Arm gelingt es dem Blondschopf jeden Tag aufs Neue, seine Angst vor dem Kindergarten und dieses dumme Gefühl zu besiegen, das ihn immer wieder packt, wenn er andere Väter sieht, die ihre Kinder hinbringen oder abholen. Ohne seinen Hund geht Max überhaupt nirgendwohin; auch am Abend darf der Hund nicht fehlen. Er wird zum treuen Wächter über seinen Kleinkinderschlaf. Für die Mutter ist es nicht immer ganz einfach, dieses Klammern ihres Sohnes an Papas Hund zu akzeptieren. Doch für Max ist es sehr wichtig, dass er eine Möglichkeit gefunden hat, sich durch eine sogenannte symbolische Repräsentation den Vater in seinen Alltag hereingeholt zu haben.

Vieles kommt durch Scheidungen durcheinander – im Inneren der Kinder, aber auch in den äußeren Verhältnissen. Da ist es notwendig, eine gewisse Ordnung zu schaffen und Klarheit darüber zu gewinnen, was ins »Mama-Haus« und was ins »Papa-Haus« gehört, bei wem es welche Regeln gibt und wer für was zuständig ist. Dies setzt voraus, dass sich die Eltern klar werden, wie wichtig eine Orientierung für ihre Kinder ist, und dementsprechend auch bereit sind, sich an Abmachungen zu halten. Wenn es nicht so gut klappt, ist zu überlegen, ob mit Hilfe Dritter die alten Absprachen überdacht und neu festgelegt werden sollen.

• *Kinder zwischen sechs und ca. neun Jahren* brauchen einfache und klare Worte, die ihnen das Geschehen nahebringen. Dennoch fällt es auch in diesem Alter noch sehr schwer zu verstehen, dass sich die Eltern voneinander und nicht von der eigenen Person – vom Kind – trennen. Es gilt immer wieder zu betonen, dass das Kind keine Schuld am Scheitern der Beziehung trifft, dass es aber auch nichts dazu beitragen kann, die Eltern wieder zusammenzubringen. Das Kind muss lernen, dass es Dinge gibt, die sich seinem Einflussbereich entziehen, und Situationen, in denen sich die Eltern nicht wie so oft an seinen kindlichen Bedürfnissen orientieren. Häufig treten Loyalitätskonflikte auf, die das Kind vor die schier unlösbare Aufgabe stellen, seine Liebe »gerecht« auf beide Eltern zu verteilen oder ja genauso viel Zeit mit dem einen wie mit dem anderen Elternteil zu verbringen, um nicht den Eindruck zu erwecken, Mama oder Papa lieber zu haben. Hier sollte man dem Kind mit einer gelassenen Haltung begegnen. Ein Satz wie: »Ich weiß, dass du auch gern mit Papa zusammen bist – das ist schon o. k. so«, ist durchaus in der Lage, den Druck zu reduzieren und das Kind aus seinem Loyalitätskonflikt zu entlassen.

Auch eine große Identifikation mit einem Elternteil und die Übernahme von dessen Sichtweise können beim Kind zu enormen Spannungen und Belastungen führen. Hier sollte darauf geachtet werden, immer wieder einmal die Position des Kindes einzunehmen, mit seinen Augen sehen zu lernen und sich klar zu werden, dass die Scheidung zwar das Ende einer Partnerschaft, nicht aber das Ende der Elternschaft bedeutet. Schlechtreden des Ex-Partners oder gekränkte Reaktionen, wenn der Ex-Partner besonders erwähnt und gelobt wird, sollten, wie schon erwähnt, möglichst vor dem Kind vermieden werden. Auch die Wünsche des Kindes nach intensiverem Kontakt mit dem Ex-Partner sollten nicht als Angriff auf die eigene Person verstanden oder als Hinweis gedeutet werden, dass man eine schlechte Mutter oder ein schlechter Vater ist. Es kommt übrigens häufig vor, dass die Eltern gegeneinander ausgespielt werden. Das hat jedoch nichts mit wirklicher Unzufriedenheit zu tun, vielmehr ist es eine kleine kindliche Waffe im Kampf um das seelische Überleben und eine Möglichkeit, dem passiven Ausgeliefertsein ein bisschen gegenzusteuern.

Bei allen Bemühungen, rasch wieder Alltag einkehren zu lassen, darf nicht vergessen werden, dass eine sichere Zukunft nur auf der Bewältigung der Vergangenheit aufbauen kann. Wo dies nicht geschieht, kann bestenfalls eine oberflächliche Anpassung an die Situation erzielt werden und die neue Familienform wird nicht mehr als ein mehr oder weniger gutes Exil für das Kind bleiben. So ist es wichtig, immer wieder die gemeinsame Familienvergangenheit Revue passieren zu lassen – anhand von Fotoalben, Erzählungen, Erinnerungen. Das ist zwar schmerzhaft, doch für eine heilsame Bewältigung und eine gesunde Zukunftsorientierung sehr wichtig. Das häufig aufkeimende historische Interesse von Kindern dieser Altersgruppe wird ohnehin die Fragen nach dem Gestern immer wieder zum Thema werden lassen. Eltern sollten dem nicht ausweichen. Mit zunehmendem Alter werden sich Kinder auch immer öfter von selbst auf die Suche nach der »Wahrheit« und den eigenen Wurzeln machen. Sie werden zudem versuchen, die Art der Beziehung zum abwesenden Elternteil mitzugestalten, und sind seelisch und geistig immer besser in der Lage, sich unabhängig von der Meinung anderer ihr eigenes Bild von beiden Eltern zu machen und dabei unterschiedliche Aspekte in das Bild von der Mutter bzw. vom Vater zu integrieren. Diese Entwicklung erfährt in der Vorpubertät und Pubertät dann einen Höhepunkt.

Abbildung 9: »Getrennt«

4. Neue soziale Situationen: »Ich mag nicht in den Kindergarten!«

Das Leben in der Familie bietet dem Kind viele Möglichkeiten, seine sozialen Fähigkeiten zu entwickeln und auszuloten, wie sich bestimmte Verhaltensweisen auswirken. In den ersten Lebensjahren lernt es gleichsam in einem geschützten Rahmen, wie die sozialen Spielregeln ablaufen und welche Konsequenzen bestimmte Verhaltensweisen nach sich ziehen. Am Vorbild der Eltern, anderer Verwandter oder vertrauter Betreuungspersonen kann sich das Kind orientieren und jene Sicherheit bekommen, die es nach und nach in die Lage versetzt, auch mit fremden Menschen in Kontakt zu treten, ihren Anforderungen zu entsprechen und sich an neue Spielregeln anzupassen. Dieses langsame Hineinwachsen in unterschiedliche soziale Ordnungen ist wichtig und für die weitere Entwicklung des Kindes von Bedeutung. Die Frage, ob Menschen beispielsweise in der Lage sind, die Rechte anderer zu respektieren, auf Kleinere und Schwächere Rücksicht zu nehmen oder das Selbstwertgefühl anderer nicht zu verletzen, wird nämlich nicht erst im Erwachsenenalter entschieden, sondern nimmt seinen Ausgang im frühkindlichen Lebensalltag. Auch das Heranführen an eine angemessene Arbeitshaltung, an Frustrationstoleranz, Leistungsfreude und Ausdauer – jene Eigenschaften, die in der Schule als wichtige Gradmesser für schulischen Erfolg gelten – nimmt seinen Anfang im Umgang mit den Lernerfahrungen und Umwelterkundungen der Kleinen sowie den Reaktionen der Eltern auf dieses kindliche Verhalten. Somit zeigt sich einmal mehr, wie wichtig die ersten Monate und Jahre im Leben eines Kindes sind. Doch nicht immer sind die Bedingungen optimal. Instabile Familienverhältnisse, durch Mehrfachbelastung überforderte Eltern, immer kleiner werdende zeitliche Freiräume für die Beschäftigung mit den Kindern sind nur einige der Faktoren, die sich negativ auswirken können. Soziale Ängstlichkeit und Schwierigkeiten, den stetig ansteigenden seelischen, geistigen und sozialen Anforderungen in Spiel-, Lern- und Leitungsgruppen gerecht zu werden, sind häufig die Folge.

Was bedeutet es, wenn man davon spricht, dass ein Kind sozial ängstlich ist oder soziale Schwierigkeiten hat? Manche verstehen darunter Kinder, die in Anwesenheit Fremder scheu und schüchtern reagieren, wenig reden und sich am liebsten hinter dem Rücken der Eltern oder der großen Geschwister verstecken. Andere wiederum verstehen darunter Kinder, die in ständige Streitereien verstrickt sind, keine Freunde finden oder sich häufig ausgeschlossen fühlen. Einige Beispiele sollen zeigen, wie groß die Bandbreite ist, die man gemeinhin als »soziale Schwierigkeiten« bezeichnet.

Soziale Schwierigkeiten können sich zum Beispiel darin zeigen, dass ein Kind Angst davor hat,

- auf dem Spielplatz mit anderen zu spielen,
- sich jeder auch noch so spielerischen Wettbewerbssituation zu stellen,
- in eine neue Spielgruppe zu kommen,
- vor anderen ein Lied zu singen oder einen Spruch aufzusagen,
- allein in ein Geschäft zu gehen,
- fremde Menschen um eine Auskunft zu bitten,
- nachzufragen, wenn es etwas nicht verstanden hat.

Viele Kinder kennen diese Gefühle, und in den meisten Fällen sind sie durchaus in der Lage, aus eigener Kraft die inneren Barrieren zu überwinden. Einige brauchen dabei Unterstützung und kleine Hilfestellungen. Doch es gibt auch Situationen, die an sich so belastend oder schwierig sind, dass jedes auch noch so mutige und unerschrockene Kind mit sozialen Auffälligkeiten reagiert und Angst entwickeln kann. Beispiele hierfür sind:

- die Situation der Migrationskinder (z. B. wegen ihrer mangelnden Sprachkenntnisse und ihres fremdländischen Aussehens),
- die Situation nach unfreiwilliger Umschulung,
- die Situation nach besonders drastischen Unglücksfällen (z. B. Unfalltod von Familienmitgliedern, schwere Erkrankungen),
- die Situation bei Einschränkungen und Behinderungen,
- die Situation nach Missbrauch oder Misshandlung.

Prinzipiell muss man beim Auftreten solcher sozialer Schwierigkeiten zunächst einmal nachfragen, ob die Schwierigkeiten eher auf Seiten des Kindes zu suchen sind oder ob eher die Situation selbst der Auslöser ist. Es gibt Kinder, die sich praktisch in jeder neuen sozialen Situation scheu und zurückhaltend geben und länger als üblich brauchen, um Kontakte zu knüpfen. Dies wird bereits auf dem Spielplatz deutlich und kann im Kindergarten seine Fortsetzung finden. Hier ist es besonders wichtig, behutsame Hilfen anzubieten, das Kind entsprechend vorzubereiten und zu ermutigen. Einfühlsame Begleitung durch pädagogisch geschulte Erwachsene können schüchternen und sozial scheuen Kindern bei der Bewältigung ihrer Ängste helfen und dadurch den Grundstein für einen vertrauensvolleren Zugang zur Welt legen. Je früher es gelingt, Kinder in ihrem Selbstwert so zu stärken, dass sie sich sozialen Prozessen nicht entziehen, desto eher können sie sich in Spielgruppen und in der Schule auf ihre eigene Art und Weise auch sozial behaupten.

In manchen Fällen verstecken sich soziale Schwierigkeiten und eine tiefsitzende Sozialängstlichkeit hinter betont forschem Vorgehen. Das sind Kinder, die ohne Umschweife auf andere zustürmen, die kein Gespür für die Grenzen anderer haben und sich mehr oder weniger jedem gleich öffnen und als Spielkamerad anbieten. Meist haben diese Kinder in ihrem bisherigen Leben viel Instabilität und andere Defizite erfahren, die sie zu überdecken versuchen. Auch hier ist eine behutsame und einfühlsame Begleitung wichtig, die emotionale Stabilität und Sicherheit vermittelt und das Kind gleichzeitig an das Wahrnehmen und Wahren von Grenzen bei sich und anderen heranführt.

Schritt für Schritt in den Kindergarten

Im Leben jüngerer Kinder gibt es ein besonders sensibles Ereignis, in dem sich ihre soziale Welt drastisch ändert und das zu einer Quelle von positiven, aber auch nicht so leicht zu bewältigenden Erfahrungen wird und unterschiedliche Ängste nach sich ziehen kann. Es handelt sich dabei um den Eintritt in den Kindergarten oder eine andere außerfamiliäre Spielgruppe. Viele Aspekte, die für die Bewältigung der ersten Schritte in den Kindergarten wichtig sind, wiederholen sich dann einige Jahre später beim Schuleintritt. Wie verläuft nun der Übergang von der vertrauten Familienatmosphäre in noch unbekannte Gemeinschaften; welche Fähigkeiten braucht das Kind dafür und wie kann man es gut unterstützen?

Bei normal verlaufenden Entwicklungen kommt irgendwann im

Laufe des dritten Lebensjahres der Zeitpunkt, in dem sich die soziale Welt weitet und die ersten Erfahrungen mit anderen Kindern außerhalb des familiären Umfelds gemacht werden. Während zu Beginn dieser sozialen Ausflüge meist die Mutter, der Vater oder andere vertraute Menschen im Hintergrund sind und Unsicherheiten, Einbrüche in der Gefühlswelt und ängstliche Stimmungen auffangen, muss das Kind beim Eintritt in den Kindergarten oder ähnlich strukturierte Gruppen über eine gewisse Zeit hin allein mit allen Eindrücken und Erfahrungen zurechtkommen. Zusätzlich rücken andere Autoritätspersonen für eine gewisse Zeitspanne an die Stelle der Eltern, soziale Vergleichsprozesse mit anderen Kindern und deren Eltern setzen ein, und einige organisierte Leistungsanforderungen werden an das Kind herangetragen. Kurz: Die Welt verändert sich drastisch.

Überall dort, wo Veränderung geschieht, wo alte Verhältnisse neuen weichen und unterschiedliche Anpassungsleistungen notwendig sind, besteht aber auch die Gefahr, dass es zu kurzfristigen seelischen Einbrüchen kommt und sich Angst und Unsicherheit breit machen. Dies zieht sich mehr oder weniger deutlich von der Geburt bis weit ins Erwachsenenalter hinein und endet letztlich erst mit dem Tod. Da kleine Kinder noch sehr wenig Erfahrung im Umgang mit solchen Situationen haben, in denen Neuorientierung und Neuanpassung gefordert werden, brauchen sie eine besonders gute Begleitung. Es wird viel vom Gelingen dieser ersten Erlebnisse abhängen, ob sich Kinder im Laufe ihrer weiteren Entwicklung mit Neugierde und Zuversicht in neue Situationen begeben und gestärkt aus ihnen hervorgehen können. Auch deshalb lohnt es sich, mit Bedacht die ersten Schritte in neue soziale Bezüge zu begleiten.

Betrachtet man die Situation beim Eintritt in den Kindergarten aus Sicht der Kinder, so fallen vier Bereiche ins Auge, die sich als zu bewältigende Aufgaben präsentieren und potentiell Stress und Angst auslösen können:

- länger anhaltende Trennung von der Mutter oder anderen vertrauten Menschen,
- Orientierung an bisher fremden und außenstehenden Bezugspersonen (Kindergärtnerin, Gruppenleiterinnen, Betreuer),
- neues Umfeld, in dem die Räume anders beschaffen sind, andere Dimensionen haben und anders riechen

- neue Rollen und damit verbundene Lern- und Leistungsanforderungen.

Welche Ängste können sich nun daraus ergeben? An erster Stelle sind
Trennungsängste zu nennen, die als typische Kinderängste gelten.
Doch es zeigt sich auch häufig eine allgemeine Angst vor Neuem sowie
eine sogenannte Schamangst, die im Zusammenhang mit ersten Leis-
tungs- und sozialen Vergleichsprozessen auftreten kann. Ein kleines
Kind, das seine ersten Schritte in den Kindergarten macht, kann beispielsweise Angst davor haben,
- dass es so ganz allein und ohne Mama bleiben soll,
- dass es vielleicht nicht wieder abgeholt wird,
- dass es in den unbekannten Räumen »verloren« geht oder sich
verirrt,
- dass es von anderen Kindern ausgelacht wird,
- dass es nicht so gut, rasch, geschickt ... wie andere Kinder ist,
- dass die Mama böse wird, wenn es die Tante lieb hat,
- dass es von seinem alten Freund nicht mehr gemocht wird, weil
es jetzt neue Freunde hat.

Was Eltern tun können: Anregungen und Hilfestellungen

Um den Kindern den Weg in die soziale Welt des Kindergartens oder
der Spielgruppe zu erleichtern, empfiehlt es sich, einige Maßnahmen
zu bedenken.

- *Auseinandersetzung der Eltern mit ihren eigenen Gefühlen:* Zunächst
erscheint es besonders wichtig, dass sich die Eltern im Vorfeld über
ihre eigenen Gefühle klar werden. So positiv die Entwicklung des
Kindes auch verläuft und so schön es ist, mit anzusehen, wie sich das
eigene Kind nach und nach andere soziale Räume erobert, wird doch
gerade beim Eintritt in den Kindergarten vielen Eltern bewusst, wie
rasch die Zeit vergeht, und dass das Kind nun über jene Schwelle tritt,
die es immer weiter hinein ins eigene Leben führen wird. Ein wichtiger Zeitabschnitt geht zu Ende – und das nicht nur für die Kinder, sondern in ganz entscheidendem Maße auch für die Eltern. Nach und
nach müssen und dürfen Erziehungsaufgaben mit anderen Menschen

geteilt und aufeinander abgestimmt werden, nach und nach dringen andere Meinungen, Wertmaßstäbe und Erziehungspraktiken in den engen familiären Rahmen ein. All dies löst Freude und Sorge gleichzeitig aus und bringt ambivalente Gedanken zum Vorschein. Bereits beim Eintritt in den Kindergarten stellen sich all jene Gefühle und Gedanken ein, die dann beim Schuleintritt nochmals deutlicher sichtbar werden. Viele Eltern stellen sich die bange Frage: »Ist mein Kind auch o. k.?«, »War ich bisher eine ›gute‹ Mutter, ein ›guter‹ Vater?« oder: »Wie wird sich mein Kind bewähren?« Und vielen Eltern tut es gut, einmal aussprechen zu können, was sie beschäftigt. Man sollte nicht vergessen, dass nicht nur Kinder Trennungsängste haben, wenn sie in den Kindergarten und später in die Schule kommen, sondern dass es häufig auch die Eltern sind, die mit feuchten Augen ihre Kleinen in Richtung Großwerden davonstapfen sehen. Ein Gespräch mit anderen »erfahrenen« Eltern, aber auch mit der Kindergärtnerin kann dazu beitragen, Unsicherheiten zu reduzieren und sich selbst gedanklich ans Loslassen und Entlassen des eigenen Kindes heranzutasten. Mag es auch für viele Eltern eine herbeigesehnte Entlastung sein, wenn die Kindergartenzeit endlich heranrückt, fällt es den meisten von ihnen dennoch schwer, ihre Kleinen dann ganz konkret zu entlassen.

• *Informationen einholen:* Angst und Unsicherheit der Eltern können in einem ersten Schritt durch Informationen über die Institution Kindergarten reduziert werden. Es ist hilfreich und gut, wenn Eltern ausreichend über den Kindergarten ihrer Wahl Bescheid wissen und zwar nicht nur darüber, wie er am besten und schnellsten zu erreichen ist, sondern auch, wie beispielsweise der Tagesablauf aussieht, welche Räumlichkeiten zur Verfügung stehen, wie die personelle Situation ist, wie sehr die Eltern über Elternabende oder Arbeitseinsätze eingebunden werden oder welche Kindergartenphilosophie hinter den pädagogischen Bemühungen steht. In vielen Einrichtungen liegen Broschüren aus oder man kann einen Gesprächstermin vereinbaren, um einzelne Fragen zu klären. Auch einen »Tag der offenen Tür« kann man gut nutzen, um sich selbst ein Bild von der neuen Umwelt zu machen, die für die kommenden Jahre ein zweites Zuhause für das eigene Kind wird.

Dies alles erweist sich deshalb als besonders wichtig, weil unausgesprochene Ängste und Sorgen der Eltern in Bezug auf die bevorstehende Ablösung beim Eintritt in den Kindergarten häufig als Ursache kindlicher Sozialängste anzusehen sind. Gelingt es den Eltern, eine vertrauensvolle und positive Stimmung aus den Gesprächen und Besuchen im Kindergarten mit nach Hause zu bringen, anstehende Fragen im Vorfeld anzusprechen und sich mit dem Gedanken vertraut zu machen, ihr Kind in »fremde Hände« zu geben, wird sich das positiv auf das Kind auswirken.

• *Das Kind vorbereiten:* Im Vorfeld ist es wichtig, die Kinder selbst an die bevorstehende Veränderung heranzuführen. Je nach der familiären Situation wird der Schritt in den Kindergarten entweder etwas eher Selbstverständliches sein oder aber etwas ganz Neues. Dementsprechend wird auch die Vorbereitung unterschiedlich ausfallen. Kinder, die über ihre Geschwister schon viel von der Kindergartenwelt gehört haben, werden andere Vorstellungen und Fantasien entwickeln als Erstgeborene oder Einzelkinder. Natürlich wird auch die Persönlichkeit des Kindes eine Rolle spielen und die Erfahrungen, die es in seinem bisherigen Leben in Bezug auf verlässliche Zuwendung und Geborgenheit machen konnte. Und so wird es Kinder geben, die dem ersten Kindergartentag mit einem lustvollen Kribbeln im Bauch entgegenfiebern, während andere mit Bangen den Ereignissen entgegenzittern und ihre Mama am liebsten keinen Augenblick aus den Augen lassen.

Im Falle kleiner »Klammerkinder« sollte möglichst kein Druck ausgeübt, sondern dem Kind ausreichend Zeit gegeben und nicht mit einem »Aber du bist doch schon so groß« argumentiert werden. Eine gute Möglichkeit, Angst und Unsicherheit zu reduzieren, bietet das Bilderbuch. Es gibt eine Reihe von Geschichten, die den Kindern Gelegenheit geben, sich bereits im Vorfeld mit der Kindergartensituation spielerisch zu befassen. Den Eltern, die gemeinsam mit dem Kind ein solches Bilderbuch anschauen oder eine Geschichte vorlesen, bietet sich die Möglichkeit, auf die jeweils brennenden Fragen der Kinder direkt einzugehen und ihnen jene körperliche Nähe zu geben, die es ihnen leichter macht, sich mit neuen Situationen zu beschäftigen.

• *Eine Eingewöhnungszeit einplanen:* Bei Kindern, die für den Übergang von der familiären Atmosphäre in den Kindergarten etwas mehr Zeit brauchen, haben sich sogenannte »Schnuppertage« bewährt, an denen das Kind Gast im Kindergarten ist. Auch Regelungen, die dem Kind die Möglichkeit einräumen, nur an gewissen Tagen in den Kindergarten zu gehen, können die Übergangssituation erleichtern. Manchmal wird auch den Müttern angeboten, eine bestimmte Zeit gemeinsam mit dem Kind im Kindergarten zu verbringen. Welche Form des sanften Übergangs gewählt wird, muss im Einzelfall gemeinsam mit der Kindergärtnerin besprochen und abgeklärt werden. Bei allen Bemühungen und Bestrebungen, die gröbsten Steine aus dem Weg zu räumen, muss man sich dennoch bewusst sein, dass es sich um eine Trennung und wichtige Neuorientierung handelt, die das Kind vollziehen muss. Dabei kann man es unterstützen – abnehmen kann man ihm diese Aufgabe jedoch nicht. Kinder nehmen diese Herausforderung in aller Regel gern an und werden sich nach einer Phase der Orientierung und des Einlebens meist mit Freude den neuen Aufgaben zuwenden.

• *Unterstützung anbieten:* Für Kinder spielen die sogenannten Übergangsobjekte bei Trennungen eine große Rolle (vgl. Teil 1, Kapitel 2, S. 27 ff.), und so bieten sich alle Tiere, Puppen, Gegenstände als Begleiter in den Kindergarten an, die auch bei anderen »Übergängen« geholfen haben und helfen:

> Der dreijährige Stefan beispielsweise verlässt nie ohne seinen Bären das Haus und die vierjährige Sandra erklärt ihrer Puppe Anna jeden Morgen, wie das jetzt dann im Kindergarten sein wird und dass sie keine Angst haben muss. Für die kleine Magdalena ist es besonders wichtig, dass sie ein kleines buntes Tuch in der Hosentasche hat, das ganz nach Mama riecht, und Paul schaut jeden Morgen nach, ob er auch ja seinen Zauberstein bei sich hat, den ihm sein Papa geschenkt hat.

All die Bären, Puppen, Löwen, Affen, Tücher, Steine und sonstigen Gegenstände nehmen einen wichtigen Platz in der Bewältigung der Trennungssituation ein. Sie sind die Brücke vom vertrauten Heim zur unvertrauten Welt des Kindergartens, in der andere Regeln gelten, andere Düfte in der Luft liegen und andere Menschen das Sagen haben. Für viele Kinder bleiben sie wichtige Wegbegleiter – auch noch im Schulalter –, und Erwachsene sollten sich hüten, Kinder mit einem »Dafür bist du doch schon zu groß« darauf anzusprechen. Neben diesen konkreten Begleitern spielen Rituale eine wichtige Rolle. Kinder brauchen in der Zeit der Eingewöhnung feste Abläufe, die ihnen Sicherheit geben. Das können beispielsweise bestimmte Gesten beim Abschied sein:

Andrea bekommt von ihrer Mama jeden Morgen an der Kindergartentür ein Küsschen in ihre Handfläche. Behutsam schließt sie ihre kleinen Finger um diesen Kuss und steckt ihn dann unter den Pullover. Bernd wird von seinem Papa in den Kindergarten gebracht. Der Vater wartet noch so lange, bis er seine Hausschuhe angezogen hat. Dann geht er zur Tür, bleibt stehen und winkt noch einmal. Wehe, wenn Bernds Vater einmal vergisst, stehenzubleiben und zu winken – dann bricht der kleine Junge in Tränen aus und stürzt seinem Vater hinterher!

Andere Rituale können auf den Hinweg zum Kindergarten eingebaut werden oder bei der Übergabe des Kindes an die Kindergärtnerin. Es ist wichtig, diese Rituale einzuhalten und sie nicht willkürlich ohne Einverständnis der Kinder zu ändern. Ein weiterer wichtiger Punkt ist das Verhältnis zwischen den Eltern – und hier besonders der Mutter – und den Betreuerinnen im Kindergarten. Dem Kind sollte vermittelt werden, dass die Eltern mit der Kindergärtnerin einverstanden sind und dass diese für eine bestimmte Zeit die Ansprechperson für alle Ängste, Nöte, Sorgen, Freuden und Fragen ist. Kinder werden sich umso leichter in die neue Situation eingewöhnen können, je intensiver sie spüren, dass die Eltern sich auch für den Kindergarten interessieren und es gut finden, was dort passiert.

Hilfreiche Maßnahmen auf dem Weg in den Kindergarten:
- Auseinandersetzung der Eltern mit ihren eigenen Gefühlen,
- Informationen einholen,
- das Kind vorbereiten,
- eine Eingewöhnungszeit einplanen,
- Unterstützung anbieten.

Eine neue Welt muss erobert werden

Ganz allgemein muss davon ausgegangen werden, dass Kinder in der ersten Kindergartenzeit enorme Anpassungsleistungen erbringen müssen. Sie werden nicht nur mit einer länger anhaltenden Trennung von allem Vertrauten konfrontiert, sondern sie müssen sich mit einer Fülle an Neuem auseinandersetzen. Die Kindergartenwelt hat neue Dimensionen, die es zu entdecken gilt: Die Räume sind vielleicht niedriger oder höher als zu Hause, die Fenster geben ganz andere Ein- und Ausblicke, die Türen gehen in eine andere Richtung auf als gewohnt und die Türgriffe haben eine andere Farbe, und alles riecht ganz, ganz anders als gewohnt! Viele Kinder sind auch erstaunt über die neuen Spielsachen und die Fülle an Spielmöglichkeiten. Das ist spannend und lustig, wird aber gleichzeitig zur Quelle von Reizen, die erst verarbeitet werden müssen. Die größte Herausforderung stellt für die meisten Kinder jedoch die Begegnung mit anderen Kindern dar. Da gibt es die »Großen« und die »Kleinen«, die »Alten« und die »Neuen«, die »Anführer« und die »Ausgeschlossenen«.

Abbildung 10: »... die schauen alle so komisch!« [6]

Neben der Wahrnehmung und Einordnung sozialer Bezüge müssen unterschiedliche Regeln gelernt und Ordnungen erfasst werden. Dies

113

alles ist im Prinzip für Kinder gut zu bewältigen, stellt jedoch zu Beginn meist eine Belastung dar. Um den Ansturm von Reizen standzuhalten und erst einmal etwas an Sicherheit zu gewinnen, verlegen sich die meisten Kinder in einer ersten Phase aufs Zuschauen. Diese Phase wird auch als Orientierungsphase bezeichnet und ist durch große Zurückhaltung in den Aktivitäten und im Sprechverhalten gekennzeichnet. Die Kinder gehen auf Distanz, speziell zu anderen Kindern, und bauen nur langsam einen Kontakt zur Kindergärtnerin auf. In dieser Zeit können die Kinder zu Hause ziemlich unausgeglichen sein und ein starkes Bedürfnis nach Erholung haben. Eltern müssen das wissen, um die Reaktionen ihrer Kinder auch richtig zu verstehen und nicht fälschlich als Ablehnung des Kindergartens oder als soziale Auffälligkeit zu interpretieren. Erst wenn das Kind nach und nach einzelne Bausteine seiner neuen Umwelt kennengelernt und in seine eigene Welt integriert hat, kann es sich ganz auf das einlassen, was der Kindergarten zu bieten hat.

Nach der Orientierungsphase, die unterschiedlich lange dauern kann, setzt dann eine zweite Phase ein, in der Kinder ganz spontan ihren Aktionsradius erweitern, sich aktiv an Spielen beteiligen und auch in das soziale Geschehen eingreifen. Immer wieder wird es im Laufe der Kindergartenzeit dazu kommen, dass Kinder Schwierigkeiten haben, mit den sozialen Gegebenheiten in der Gruppe zurechtzukommen. Hier ist eine gute Zusammenarbeit zwischen der Kindergärtnerin und dem Elternhaus sehr wichtig, und es sollte darauf geachtet werden, zusammen- und nicht gegeneinander zu arbeiten. Kinder spüren, wenn es Spannungen und Konflikte zwischen den Eltern und der Bezugsperson im Kindergarten gibt. Offene Gespräche, regelmäßiger Kontakt und eine Atmosphäre der Akzeptanz erleichtern die Suche nach einer kindgerechten Lösung.

Wie können sich Schwierigkeiten der Kinder mit der neuen sozialen Situation Kindergarten äußern? Zum einen ist das Verhalten der Kinder zu Hause und ihre Befindlichkeit ein wichtiger Richtungsweiser. Manche Kinder klagen über unterschiedliche »Auas« und zeigen sich lustlos und verschlossen. Andere Kinder wollen vielleicht nicht mehr in den Kindergarten oder klammern sich aus scheinbar unerfindlichen Gründen wieder verstärkt an die Mutter. Oft sind die Ursachen für diese und ähnliche Verhaltensweisen harmloser Natur und vergehen auch wieder. Dennoch sollte man die Kinder ernst nehmen und im Zweifelsfall Rücksprache mit der zuständigen Betreuerin im Kindergarten halten. Druckausübung und das Beharren auf einem »Du bist doch schon so groß« wirken sich eher negativ aus und sollten vermieden werden. Vielmehr sollte es dem – trotz aller Fortschritte – doch noch kleinen Kind erlaubt sein, regressive Einbrüche zu haben, in der Entwicklung dann und wann innezuhalten und verstärkt die elterliche Nähe zu suchen. Sehr oft kommt es vor, dass Kinder in Sorge sind, ob der eben erst gewonnene Freund auch noch am nächsten Tag als Freund zu ihm hält. »Bist du noch mein Freund?«, »Magst du mich noch?«, »Du darfst nur mit mir spielen!« – so oder so ähnlich drücken Kinder ihre Ängste und ihr Bedürfnis nach emotionaler Nähe aus.

Gemocht oder nicht gemocht zu werden – das ist noch weit bis ins Schulalter eine zentrale Dimension in der sozialen Orientierung und Dreh- und Angelpunkt für seelisches Wohlbefinden, auch wenn Kinder im Kindergartenalter nur selten zu stabilen und überdauernden Freundschaften in der Lage sind. Es herrscht in diesem Alter noch weitgehend ein sogenannter sozialer Egozentrismus vor. Die Gründe für Freundschaften scheinen willkürlich und ein Produkt des Zufalls: »Weil Peter seinen Platz in der Garderobe neben mir hat«, »Weil Annemarie denselben Heimweg hat«, »Weil Agnes auch eine große Schwester hat« – das sind Antwortbeispiele von vier- und fünfjährigen Kindern auf die Frage, warum gerade Peter, Agnes und Annemarie als Freunde genannt werden. Auch wenn die sozialen Bezüge noch so lose und willkürlich sind, können sie dennoch Ursache vieler Konflikte sein und Kinder traurig machen. Manche fühlen sich an den Rand gedrängt und flüchten sich in den sozialen Rückzug oder aber in besonders auffälliges Verhalten, wie etwa das folgende Beispiel zeigt:

Der fünfjährige Martin versetzt die anderen Kinder im Kindergarten mit seinem ungestümen Auftreten in Angst und Schrecken. Mit lautem Geschrei jagt er die Mädchen durch den Garten und lässt keine Gelegenheit aus, sich mit den Jungen in wilde Raufereien zu verwickeln. Als er eines Tages runde Holzscheiben wie Frisbee-Scheiben durch den Raum wirbelt, bittet die Betreuerin die Mutter zu einem Gespräch. Es stellt sich heraus, dass Martin in den letzten Wochen auch zu Hause unausgeglichen und leicht reizbar war; seine Stimmung konnte von einem Moment auf den anderen von Wut in Weinerlichkeit umschlagen. Manchmal warf er sich dann schluchzend in die Arme seiner Mutter und stieß unter Tränen ein »Keiner mag mich!« hervor. Nun trug sein Verhalten im Kindergarten nicht gerade dazu bei, dass die Kinder Martin in ihr Herz schlossen.

Doch wie war dem Kind zu helfen? Die Mutter und die Kindergärtnerin beschlossen, sich regelmäßig zu besprechen und Martin viele Möglichkeiten zu geben, seine Kraft »kontrolliert« ausagieren zu können. Andererseits galt es, Rahmenbedingungen zu schaffen, in denen er mit anderen Kindern gemeinsam Aufgaben bewältigen konnte. Langsam lernten sie so auch den »anderen« Martin kennen, den Martin, der gute Spielideen hatte und dessen Kraft und Stärke auch Schutz und Sicherheit geben konnte.

Treten soziale Ängste im Zusammenhang mit der Kindergartensituation auf, ist es wichtig und hilfreich, folgende Punkte zu beachten:

- Kindersorgen ernst nehmen und den Kindern Mut machen, ihre Gefühle auszudrücken (Spielen, Malen, Sprechen),
- offene Gespräche mit der Betreuerin im Kindergarten führen,
- dem kindlichen Bedürfnis nach Nähe nachkommen (Kuscheln, gemeinsame Aktivitäten),
- Gelassenheit zeigen und Vertrauen in die positiven Entwicklungskräfte im Kind haben.

Ursachen sozialer Ängstlichkeit und allgemeine Hilfestellungen

Neben der eben besprochenen Situation des Übergangs vom familiären Rahmen in eine institutionell geformte Gruppe wie den Kindergarten gibt es viele Augenblicke in einem Kinderleben, in dem sich Kinder scheu, schüchtern und sozial ängstlich verhalten. Bis zu einem gewissen Grad ist dies eine ganz normale Reaktion auf neue und unbekannte Situationen, in denen fremde Menschen ins Blickfeld kommen und unvertraute soziale Regeln und Normen an die Stelle der vertrauten rücken. Kaum eine Verhaltensweise wird jedoch so von den Vorbildern und Modellen der unmittelbaren Umgebung beeinflusst wie soziale Ängstlichkeit. Dies ist ein wichtiger Punkt für wirkungsvolle Maßnahmen in der Begleitung sozial besonders ängstlicher Kinder. Hier sind Gespräche mit den Eltern wichtig, in denen offen darüber geredet und nach Möglichkeiten gesucht wird, das Kind mit Menschen zusammenzubringen, die diesbezüglich unerschrockener sind. Bei sozial besonders ängstlichen Kindern sind es oft die Eltern selbst, denen man Mut zusprechen und Möglichkeiten aufzeigen muss, wie sie sich selbst positiver sehen und ihr Kind vertrauensvoller in die Welt hineinbegleiten können.

Abgesehen von einer am Modell gelernten geringen oder größeren sozialen Ängstlichkeit und Scheu gibt es natürlich einfach grundsätzlich ängstlichere und weniger ängstliche Kinder – man spricht in diesem Zusammenhang auch von einem Persönlichkeitszug des Kindes. Es gibt sowohl kleine soziale Draufgänger als auch Kinder, die nur langsam ihre Fühler ausstrecken und sich kaum aus ihrem Schneckenhaus heraustrauen. In jedem Fall ist es wichtig, dem Kind jeweils die Zeit zu lassen, die es persönlich braucht, um sich zu öffnen. Ängstlichere Kinder brauchen viel Lob und unterstützendes Zureden, Vertrauen und Ermutigung. Druck und beschämende Äußerungen sollten in jedem Fall vermieden werden.

Nicht immer ist es für Eltern leicht, wenn sich ihr Kind in der Öffentlichkeit nicht ganz so verhält, wie es erwartet wird. Sowohl die im Bus laut brüllenden Dreijährigen als auch die sich scheu hinter den Hosenbeinen des Vaters verbergenden Fünfjährigen lösen in den Eltern selbst Schamgefühle, Wut oder Angst vor negativen Bewertungen aus. Wenn solche Situationen zu einer ernsten Belastung im Umgang mit dem Kind oder zu einer Zerreißprobe für die Partnerschaft werden, sollte man sich nicht scheuen, beratende Gespräche in Anspruch zu nehmen oder sich zumindest mit anderen Eltern auszutauschen. Strafmaßnahmen und ein verbales In-die-Ecke-Stellen der Kinder sind in jedem Fall zu vermeiden und würden den so dringend gewünschten Fortschritt nur verzögern.

Zu bedenken ist schließlich auch, um welche Situation es sich handelt, in der ein Kind ängstlich und scheu reagiert. In vielen Fällen wird man die Umstände prinzipiell nicht ändern können, sie gehören zum individuellen Lebensweg und müssen gemeistert werden. Jedes Kind wird irgendwann die Hand der Mutter loslassen und die Schritte in neue soziale Bezüge wagen müssen; jedes Kind wird sich in eine neue soziale Gruppe integrieren und neue Kontakte schließen müssen, und jedes Kind wird sich im Rahmen der vorgesehenen Bildungswege auch sozial bewähren müssen. Wenn aber die Situationen im Prinzip nicht zu verändern sind, dann gibt es zum einen die Möglichkeit, das Kind entsprechend vorzubereiten und zu stärken, und zum anderen, kleine Elemente der Sicherheit für das Kind aufzubauen. Um als belastend erlebte Situationen zu entschärfen, können die Eltern beispielsweise versuchen, möglichst viele neue Elemente in Richtung »bekanntmachen« einzubringen. Dazu gehören die oben erwähnten »Schnuppertage« ebenso wie das Betrachten von Bilderbüchern und Rollenspiele, in denen Kinder stellvertretend in die neuen Rollen schlüpfen können. So wird ein riesengroßes Fragezeichen vielleicht in mehrere kleine Fragezeichen aufgelöst, denen man sich eher nähern kann. Nach und nach können auf diese Weise neue kleine Gewissheiten anstelle einer großen dunklen Ungewissheit treten.

Es liegt auf der Hand, dass eine ermutigende Haltung im Elternhaus unsicheren und scheuen Kindern einen wichtigen Rückhalt gibt. Hilfreich ist es auch, Kinderfreundschaften und soziale Kontakte zu ermöglichen sowie kleine gemeinsame Spielangebote zu arrangieren, in denen das Kind im geschützten Rahmen positive Erfahrungen sammeln kann, bevor es in die »raue Wirklichkeit« öffentlicher sozialer Vergleichsprozesse kommt. Eltern sollten in jedem Fall darauf achten, ihre Kinder an sozialen Ereignissen teilhaben zu lassen und sie bei ihren Versuchen, die sozialen Fühler auszustrecken, unterstützen. Dies ist besonders wichtig, zumal man heute weiß, dass ausgeprägte Sozialangst im Erwachsenenalter in aller Regel ihre Wurzel in der Kindheit hat. Erwachsene, die unter großer Sozialangst leiden, hatten häufig bereits als Kinder Schwierigkeiten in der Beziehung zu ihren Eltern, haben sich von anderen Kindern schon früh abgeschottet und soziale Kontakte auf ein Minimum reduziert. Sehr oft führt dieses Verhalten in eine Negativspirale, an deren Ende krankhafte Sozialangst steht, die zu massiven Beeinträchtigungen im seelischen Wohlbefinden, in der Lern- und Leistungsfähigkeit sowie im zwischenmenschlichen Bereich führen.

Oft sind sich Eltern dieser Zusammenhänge durchaus bewusst, reagieren jedoch aus Sorge vor einer solchen Entwicklung kontraproduktiv: Sie üben Druck auf ihre Kinder aus, konfrontieren sie mit Anforderungen, die überzogen sind, oder stellen die Kinder bildhaft gesprochen »in die Ecke«. Was sozial ängstliche Kinder jedoch ganz besonders brauchen, das ist das Gefühl, dass sie in Ordnung sind und geliebt werden. Und sie brauchen besonders viel Lob, wenn sie eine Situation gut gemeistert und Herausforderungen geschafft haben. Anstelle eines »Du musst aber in den Kindergarten« oder »Du musst jetzt mit Anton spielen« sollte ein »Du darfst in den Kindergarten« oder »Du darfst heute Anton zum Spielen mit nach Hause bringen« treten. Schließlich kann ein Überdenken der eigenen Verhaltensweisen angesichts neuer Situationen oder neu zu knüpfender Kontakte vielleicht zusätzlich zu einer verständnisvolleren Haltung führen. Vielleicht gelingt es auch, ein bisschen Humor in die häufig angespannte Situation ängstlicher Kinder zu bringen. Es ist für Kinder viel leichter, ihren Weg zu gehen, wenn sie hin und wieder erfahren können, dass »auch Papa manchmal ein kleiner Angsthase ist«!

Abbildung 11: »Kindergarten macht Spaß!«

5. Wenn Kinder in die Schule kommen: »Ich kann das nicht – Keiner mag mich!«

Mit dem Eintritt in das Schulalter beginnt für Kinder und Eltern eine Zeit, in der vieles nicht mehr einfach nach Gutdünken gemacht werden kann. Die Anforderungen und Maßstäbe werden von außen gesetzt. Der erste Schultag ist der Beginn einer langen Geschichte der Herausforderungen, Bewährungsproben und Bewertungen, der Beginn von Erfolgsgeschichten ebenso wie von individuellen Tragödien. In Bezug auf das Erleben und Bewältigen von Angst stellt die Schulzeit die intensivsten Herausforderungen an Kinder und Jugendliche. Es gibt kaum eine Situation im Schulleben, die nicht prinzipiell Anlass für Angstgefühle sein kann – angefangen von den Räumlichkeiten mit ihren speziellen Eigenheiten über die sozialen Anforderungen bis hin zu den konkreten intellektuellen Herausforderungen und den damit verbundenen Bewertungen. Das Thema Schulangst ist aus der breiten Diskussion um Schule insgesamt nicht wegzudenken und gibt immer wieder Anlass, konkrete Zustände zu überdenken und Maßnahmen zu erwägen, die weit über die individuellen Unterstützungsmöglichkeiten durch Familie und Freunde hinausreichen.

Der Schulbeginn

Der Begriff Schulreife umfasst eine geistige und eine soziale Komponente. Im kognitiven Bereich müssen Kinder in der Lage sein, sich mit dem Erwerb der sogenannten Kulturtechniken – also mit Lesen, Schreiben und Rechnen – auseinanderzusetzen und sich diese anzueignen. Ein wesentliches Element ist dabei, dass dies im Rahmen einer Gruppe möglich wird. Damit wird die soziale Komponente der Schulfähigkeit angesprochen. Es ist die Notwendigkeit, sich nicht nur in einem neuen sozialen Kräftefeld zu bewegen, sondern bedeutet auch, sich den Ordnungen der Gruppe, die nach bestimmten Regeln ablaufen, ein- und unterzuordnen. Wichtig ist auch die Bereitschaft, bestimmte Aufgaben zu übernehmen und sie zum Wohl aller auszuführen, wie es die vielen »Dienste« darstellen vom Blumengießen über Tafelwischen bis hin zum Tragen und Austeilen von Heften und anderem Unterrichtsmaterial. Parallel zu den geistigen und sozialen Prozessen läuft auch ein körperlicher Vorgang, der als erste Streckung bezeichnet wird. Aus dem Kleinkind mit seinem runden, großen Kopf und den zahlreichen Fettpölsterchen an Armen und Beinen wird mit einem Mal ein Kind mit langen, schlanken Gliedmaßen und einem im Verhältnis zum gesamten Körper kleineren Kopf – ein Schulkind.

Wann ein Kind diese Fähigkeiten und Fertigkeiten erworben hat, wann es also nach dem altgewohnten Sprachgebrauch »schulreif« ist, lässt sich nicht auf ein ganz bestimmtes Alter eingrenzen. Das eine Kind wird etwas früher aus dem geistig sozialen Umfeld der Spielgruppe oder des Kindergartens hinauswachsen, ein anderes wird für diese Entwicklung etwas länger brauchen – dies hat nichts mit »intelligent« oder »weniger intelligent« zu tun. Diese Entwicklung ist nicht punktgenau vorherzusagen, worauf auch die in verschiedenen Ländern unterschiedlichen Altersgrenzen für den Schuleintritt hindeuten. Das Alter schwankt zwischen fünf und sieben Jahren. Auch existieren unterschiedliche Formen des Übergangs von einem eher spielerischen Lernen hin zu einem verschulten System im Sinne unserer Regelschule. Prinzipiell wird es von der Art und Weise des Unterrichts und im Speziellen vom Führungsstil der Lehrerinnen und Lehrer abhängen, ob jüngere Kinder den Schulalltag mit all seinen emotionalen, geistigen und sozialen Herausforderungen bewältigen können. Je jünger Kinder beim Schuleintritt sind, desto stärker muss im Unterricht der spielerische Führungsstil im Vordergrund stehen, um einen erfolgreichen Schulbesuch zu ermöglichen. Stark leistungsorientiertes Lehrerverhalten kommt erst älteren Kindern entgegen – ganz unabhängig von deren Intelligenz.

Der Eintritt in die Schule ist in jedem Fall etwas Besonderes und führt das Kind immer stärker aus dem privaten Bereich hinaus, in dem vorwiegend die Eltern nicht nur die seelischen Bedürfnisse nach Liebe, Nähe und Geborgenheit erfüllten, sondern auch den Wissensdurst stillten und jene Regeln und Normen aufstellten, nach denen sich die Kinder richten konnten. Dies ändert sich mit dem ersten Schultag meist recht schnell. So breitet sich mit dem Öffnen des Schultors gleichsam eine neue und spannende Welt vor den Augen des Kindes aus, in der andere Regeln gelten und bisher unbekannte Menschen zum Dreh- und Angelpunkt des Lebens und Lernens werden. Der Schulbeginn ist gleichsam die Eintrittskarte in die Welt der Erwachsenen und stellt ein wichtiges gesellschaftliches Ritual dar; man spricht auch von einem Schwellenereignis. Durch die Verbindung von persönlicher und gesellschaftlicher Bedeutung erlangt dieses Ereignis seinen besonderen Glanz und seinen hohen Stellenwert. Es gibt wohl kaum einen Menschen, der sich an seinen ersten Schultag nicht zurückerinnern kann. Für den einen hat sich dieser Tag als einzigartiger Glückstag ins Gedächtnis eingegraben, für den anderen wird dieser Tag für immer und ewig als Schreckenstag in Erinnerung bleiben. Für den einen ist es der Beginn von vielen positiven Erfahrungen, für den anderen ist es der Anfang unzähliger Schwierigkeiten und Ängste. Ganz allgemein kann man davon ausgehen, dass sich bei dem Schritt ins Schulleben nicht nur beim Kind, sondern auch bei den Eltern viele unterschiedliche Gefühle miteinander vermischen, was dazu führt, dass dieses Ereignis so tiefe Gefühls- und Erinnerungsspuren hinterlässt. Da ist die Freude des Kindes, endlich auch zu den Großen zu gehören – aber auch die Sorge, was alles auf einen zukommen wird; da ist der Stolz der Eltern, ein Schulkind »zu haben« – aber auch die Frage, ob es wohl den Anforderungen gerecht wird …

Der Schulbeginn ist also nicht nur für das Kind eine aufregende Zeit, sondern durchaus auch für die Eltern. Zum ersten Mal treten gesellschaftliche Bewertungskriterien in aller Deutlichkeit an das eigene Kind heran und bleiben nicht mehr hinter den spielerischen Angeboten verborgen, wie es zum Beispiel im Kindergarten der Fall ist. Viele Eltern fühlen sich durch schulische Bewertungs- und Beurteilungskriterien selbst auf dem Prüfstand und überlegen, ob sie sich wohl richtig verhalten und ihr Kind gut vorbereitet haben. Ihre Gedanken kreisen häufig um Fragen wie: »Wird sich mein Kind auch zurechtfinden?«, »Wird mein Kind Freunde finden?«, »Haben wir die richtige Schule ausgewählt?«, »Wird das Kind gute Leistungen bringen können« oder »Wie werden die Lehrer mein Kind beurteilen?« Es ist ganz normal, dass die eine oder andere Frage auftaucht und dass auch Eltern mit einer gewissen Spannung dem Schulbeginn entgegensehen. Wichtig ist dabei, sich über die Gefühle im Klaren zu sein und auch über die eine oder andere Sorge mit dem Partner, Freunden oder mit Vertretern der Schule zu sprechen. Das Aussprechen von Unsicherheiten oder Ängsten kann der erste Schritt zu deren Bewältigung sein und verhindert oftmals, dass sich die Ängste im Verborgenen ausbreiten und zu einer angespannten Familiensituation führen. Nicht nur das Kind braucht eine Zeit der seelischen und gedanklichen Vorbereitung auf die Schule. Die Auseinandersetzung mit den eigenen Gefühlen kann beispielsweise darin bestehen, dass Eltern sich an den eigenen ersten Schultag zurückzuerinnern: Welche Bilder tauchen da auf? Welche Gefühle werden wieder lebendig? Was möchte man an Positiven dem eigenen Kind davon weitergeben? Im Lebendigwerden des eigenen Schulanfangs kann ein Anknüpfungspunkt zur Situation des Kindes gefunden werden – sei dies »nur« emotional durch ein besseres Einfühlen in seine Lage, sei es auch durch das Eintauchen in Gespräche über »damals« oder das Durchblättern alter Fotoalben.

Ein weiterer Punkt, der manchmal auf den Schulbeginn einen Schatten wirft, ist die Tatsache, dass sich die Zeit der ganz engen Bindung – speziell zwischen Mutter und Kind – ihrem Ende zuneigt und die Beziehung zwischen Eltern und Kind insgesamt umgestaltet werden muss. Wieder einmal steht das Wort Trennung im Raum. Mit dem Schulbeginn gewinnt dieses Thema aber eine besondere Bedeutung und lässt sich in bestimmten Punkten auch nicht mehr aufschieben. Während es im Kleinkindalter noch möglich ist, sein Kind nicht in eine Spielgruppe oder einen Kindergarten zu geben, setzt die allgemeine Schulpflicht dieser persönlichen Freiheit ein Ende. Die Kinder müssen lernen, sich für einige Stunden von den Eltern zu verabschieden und ohne deren Anwesenheit und Hilfe auszukommen. Eltern müssen lernen, ihre Kinder gehen zu lassen und anderen Menschen anzuvertrauen. Das fällt manchen Eltern leichter, anderen schwerer. Viele Unsicherheiten und ängstliche Gedanken können abgebaut werden, wenn man sich ganz bewusst mit dem neuen Umfeld auseinandersetzt, das dem Kind für die nächsten Jahre nicht nur äußerlich ein Dach über dem Kopf anbieten wird. Je überzeugter die Eltern sind, dass die Schule für ihr Kind gut ist und dass die Lehrerinnen und Lehrer nicht gegen, sondern mit ihnen zum Wohl des Kindes arbeiten werden, desto eher werden sie ihr Kind mit einem guten Gefühl in die Schule »entlassen« können. So sehr man auch bemüht sein wird, dem Kind den Weg in die Schule zu ebnen, so ist und bleibt die Einschulung eine von außen auferlegte Hürde, die das Kind letztlich allein überspringen muss. Durch diesen Schritt vollzieht sich eine Art Initiation in eine neue gesellschaftliche Rolle!

Nach dem aufregenden Erlebnis des ersten Schultages bricht für das Kind und die Eltern eine Zeit an, die von vielen neuen Dingen bestimmt wird und an die sich das Kind erst langsam gewöhnen muss. Nach und nach wird es mit dem neuen Gebäude und seinen Besonderheiten vertraut, lernt seinen Schulweg genau kennen, muss sich den Schulregeln anpassen, trifft auf viele neue Kinder und baut zu seiner ersten Lehrerin oder seinem ersten Lehrer eine Beziehung auf, die für den Prozess der Eingewöhnung und Neuorientierung besonders wichtig ist. Für die Kinder ist es sehr hilfreich, wenn sie in dieser ersten Zeit zu Hause viel Aufmerksamkeit bekommen und wenn sich die Eltern für die Erlebnisse des Schulalltags interessieren. Die großen Veränderungen im Tagesablauf und in den Anforderungen, die auf das Kind durch den Schuleintritt zukommen, können sich auch auf sein außerschulisches Verhalten und sein Befinden auswirken.

Ein Schulkind ist auch zu Hause ein Schulkind – und kein Kindergartenkind mehr! Dies bedeutet, dass es auch zu Hause nach neuen Rollen und neuen Verhaltensweisen sucht. Manchmal gelingt das recht gut, und viele Eltern wissen von selbstständigen Erstklässlern zu berichten. Doch nicht immer gehen diese Prozesse reibungslos vonstatten. Bockigkeit und heftige Abwehr gegen jede Hilfestellung sind beispielsweise Ausdruck des Versuchs, »ein großes Schulkind« zu sein. Wenn sich das Kind die Latte zu hoch legt und gleichzeitig der Eingewöhnungsprozess in der Schule nicht so reibungslos abläuft, können auch Rückschritte in der Entwicklung auftreten, wie etwa eine neu aufflackernde große Anhänglichkeit oder Schwierigkeiten beim Einschlafen. Das alles hat noch nichts mit Schulangst zu tun, sondern dabei handelt es sich um Begleiterscheinungen eines massiven Umstellungsprozesses, eines Umbruchs in den Lebensgewohnheiten und bisher vertrauten Verhaltensweisen. So wie bei vielen anderen Neuorientierungen können auch im Zusammenhang mit dem Schuleintritt traurige neben freudigen Momenten stehen, große Fortschritte in einem Bereich mit kleinen Rückschritten in anderen verbunden sein. Ängstlichkeit und Unsicherheit gehören ebenso dazu wie Freude und Stolz. Den meisten Kindern gelingt es gut, die Phase der Eingewöhnung positiv zu Ende zu bringen – dann kann der Schulalltag beginnen! Damit treten jene Gesetze in Kraft, die jeder aus seiner eigenen Schulzeit kennt und die nicht nur Ausgangspunkt von Erfolg und positiven

Erfahrungen sind, sondern immer wieder auch Anlass für Angst und Unsicherheit werden können.

Was Eltern tun können: Anregungen und Hilfestellungen

Viele Punkte, die bereits für den Übergang des Kindes von der geschützten Welt des familiären Zusammenlebens in die Spielgruppe oder in den Kindergarten genannt wurden, spielen auch beim Eintritt in die Schule eine große Rolle. Es geht auch hier um Auseinandersetzung mit den eigenen Gefühlen, Informationen einholen, vorbereiten, eingewöhnen, Unterstützung anbieten.

Zur Vorbereitung auf den Schuleintritt bedeutet dies im Einzelnen:

- Angebote in Anspruch nehmen, im Rahmen eines »Tags der offenen Tür« die Schule von innen kennenzulernen, und die Gelegenheit nutzen, mit Lehrerinnen und Lehrern ins Gespräch zu kommen,
- Erstellen eines Fragenkataloges, um die Fragen bei der Schuleinschreibung oder beim »Tag der offenen Tür« klären zu können,
- Überlegungen zum Schulweg (Verkehrsmittel, welche Route, mit wem ...),
- das Kind positiv auf den Schulbeginn einstimmen (Bilderbücher, Geschichten, Gespräche, Schulweg gemeinsam abgehen und dabei Lustiges, Neues, Schönes entdecken ...),
- Vermeiden von Aussagen wie: »Jetzt beginnt der Ernst des Lebens!«, »Jetzt habe ich die Vormittage endlich wieder für mich!«,
- gemeinsam den ersten Schultag gestalten und ihn für das Kind zu einem positiven Erlebnis werden lassen,
- dem Kind beim Weggehen am Morgen kleine Abschiedsrituale anbieten,
- bei Bedarf dürfen Übergangsobjekte als »kleine Helfer« durchaus mit zur Schule,
- dem Kind Mut machen, von seinen Erlebnissen in der Schule zu erzählen,
- sich für die Schule und die Erfahrungen des Kindes in der Schule interessieren, ohne als »Konkurrenzunternehmen« aufzutreten,
- akzeptieren, dass die erste Lehrerin oder der erste Lehrer für eine bestimmte Zeit Nummer 1 im Leben des Kindes ist.

Unterschiedliche Aspekte von Schulangst

Vieles kann Kindern rund um das Leben in der Schule Angst machen. Wirft man einen Blick auf die unterschiedlichen Angstinhalte, lassen sich drei Bereiche relativ gut von einander abgrenzen. Da geht es zum einen um jene Angst, die sich auf die *soziale Dimension* des Schullebens bezieht, zum anderen um die Angst vor dem gesamten Bereich der schulischen *Anforderungen und Leistungen* und schließlich um den Aspekt der *elterlichen Reaktionen* auf das, was sich in der Schule abspielt und was geleistet wird. Gerade bei Schulanfängern kann man sehr deutlich sehen, wie vielschichtig die Anforderungen sind, die auf die Kinder zukommen. Viele Ängste, die sich bei älteren Schulkindern zeigen, gehen weit zurück in die Anfänge der »Schulkarriere«, und so lohnt es sich, etwas genauer hinzusehen, wo die Angstquellen liegen können und wie man ihnen vorbeugen oder ihnen entgegenwirken kann.

Das soziale Leben in der Schule

Wenn auch der Schuleintritt eine deutliche Zäsur darstellt, so bestehen zwischen dem Vorschulkind und dem jüngeren Schulkind noch viele Ähnlichkeiten. Zwischenmenschliche Beziehungen werden noch weit ins erste Schuljahr hinein in erster Linie nach einem »Lieb-Haben« oder »Nicht-Liebhaben« eingeteilt. In aller Regel wird die erste Lehrperson von den Kindern geliebt, und dieses Gefühl macht es auch möglich, sich von den Eltern emotional etwas zu distanzieren und sich in die neue Welt der Schule einzugliedern. »Aus Liebe« zur Lehrerin oder zum Lehrer sind Kinder bereit, sich unbekannten und neuen Regeln anzupassen und jene Werte zu übernehmen, die ein Zusammenleben im Klassenverband ermöglichen. Dies gelingt umso leichter, je stärker das Kind den Eindruck hat, von der Lehrerin oder dem Lehrer selbst auch geliebt und angenommen zu sein.

Manche Eltern fühlen sich ein bisschen zurückgesetzt und bringen wenig Verständnis für die »neue Liebe« ihres Kindes auf. Vielleicht kann in diesen Fällen das Wissen über den Hintergrund dieser Entwicklung etwas zur Entspannung der Situation beitragen: Das Kind braucht von der Welt der privaten, intimen Welt der Familie eine Brücke zur offiziellen und von gesellschaftlichen Regeln bestimmten Welt der Schule. Diese Brücke muss stabil sein, um auch die Last von Ängsten, Eingliederungsschwierigkeiten und vielfältigen Anpassungen tragen zu können. Der Stoff, aus dem diese Brücke gebaut ist, ist die Wertschätzung der Lehrperson dem Kind gegenüber, ihre wohlwollende positive Haltung, ihr Verständnis und ihre fachliche Kompetenz. Einem solchen Menschen wird sich das Kind vertrauensvoll anschließen und ihm sein Herz öffnen. Nicht nur in Bezug auf das Heranführen an Lern- und Leistungsfelder, sondern besonders in Hinblick auf die soziale Dimension des Schulalltags sind Erstklässler noch stark auf eine vermittelnde Instanz zwischen ihnen und der Gruppe Gleichaltriger angewiesen. Dies umso mehr, als bereits im ersten Schuljahr recht rasch die Positionen im sozialen Gefüge vergeben werden und sowohl Lob und Zustimmung der Lehrperson als auch deren Missbilligung von Verhaltensweisen als wichtiges Korrektiv im Gruppenprozess wirken.

Bereits im ersten Schuljahr kristallisiert sich eine Rangordnung des sozialen Ansehens unter den Kindern heraus, die dann etwa ab dem dritten Schuljahr bis hin in die Pubertät als sogenannte informelle Ordnung häufig über subjektiv erlebtes Wohl und Wehe der Kinder entscheidet. Da gibt es die Stars, deren Auftreten und Verhalten wie ein Magnet auf andere Kinder wirkt, aber auch Kinder, die ganz an den unteren Rand von Ansehen und Beliebtheit rutschen. Die Ursachen hierfür können ganz unterschiedlich sein, angefangen von der mehr oder weniger vorhandenen Bereitschaft und Freude, mit anderen Kindern auszukommen, bis hin zu besonderen Fähigkeiten, Begabungen oder äußeren Merkmalen. Bei Jungen wird in diesem Zusammenhang häufig Kraft, Verlässlichkeit, Hilfsbereitschaft und eine allgemein hohe Leistungsfähigkeit genannt. Bei Mädchen tritt zu den genannten Eigenschaften anstelle der Kraft häufig das Aussehen.

Viele Ängste von Kindern haben ihre Wurzeln in den ersten Positionskämpfen im sozialen Miteinander der ersten Schulzeit. Da es zu Beginn der Schulzeit in vielen Bereichen zu einer engen Verbindung zwischen seelischen, geistigen und sozialen Komponenten kommt, ist die Rolle der Lehrerin oder des Lehrers oft entscheidend, ob ein Kind seinen Weg in die Klassengemeinschaft finden kann oder nicht. Lehrpersonen, die den Kindern durch ihre sozial-integrative Haltung Geborgenheit und Halt vermitteln können, tragen ganz entscheidend zu einem guten Klassenklima bei. So können freundschaftliche und positive Kontakte zwischen den Kindern eher entstehen und Beziehungen, in denen sie einander helfen. Gerade im ersten Schuljahr ist ein autoritärer, stofforientierter und stark am Wettbewerb ausgerichteter Umgang mit den Kindern für deren soziale Entwicklung und für das Entstehen eines Wir-Gefühls in der Gruppe eher problematisch. Dass dadurch bei sensiblen und weniger durchsetzungsstarken Kindern auch deren Leistungsbiografie gefährdet wird, liegt auf der Hand.

Wie sich soziale Angst in der Schule zeigen kann

Schwierigkeiten im sozialen Bereich und daraus entspringende Ängste können sich unterschiedlich äußern, z. B. in einem immer stärker auftretenden Rückzug von gemeinsamen sozialen Aktivitäten. Während die sozialängstlichen Kinder zu Beginn ihrer Schulzeit noch nach Kontakten suchen, ziehen sie sich nach Misserfolgen oder schlechten Erfahrungen von dem »Wettkampf« um eine gute soziale Position gleichsam zurück. Durch dieses »Einigeln« schwindet jedoch auch die Chance, einen Freund oder eine Freundin zu finden, mit denen man gemeinsam Freud und Leid des Schulalltags teilen kann. Ein Gefühl von Einsamkeit und Isolation macht sich breit und droht auch auf den Leistungsbereich überzugreifen. Dies kann leicht in eine Angst vor der Schule im Allgemeinen münden. Da gerade in der ersten Schulzeit die Dauer von Freundschaften oft recht kurzfristig ist und häufig ein Wechsel der »besten Freunde« stattfindet, bestehen immer wieder neue Möglichkeiten und Chancen für Freundschaften und Kontakte – vorausgesetzt, die Kinder lassen sich auf soziale Nähe ein. Hier können begleitende und stützende Hilfestellungen sowohl von Seiten der Lehrerschaft als auch der Eltern hilfreich sein, wie es bei Clemens der Fall war:

> Die ersten Wochen der ersten Klasse verliefen für Clemens gut und er ging gern in die Schule. Allerdings zeigte sich rasch, dass er Schwierigkeiten hatte, Anschluss an eine Gruppe von Jungen zu bekommen, die schon als Gruppe gemeinsam vom Kindergarten in die erste Klasse seiner Schule gekommen waren. Clemens musste immer wieder

erleben, dass er von den Spielen auf dem Pausenhof ausgeschlossen wurde. Auch seine vorsichtigen Versuche, die Sprüche und Umgangsweisen der Meinungsführer zu kopieren, verfehlten ihre Wirkung. Clemens fühlte sich ganz allein und glaubte, nur er allein könne keinen Freund finden. Zu Hause verhielt er sich anfangs noch unauffällig, mit zunehmender Dauer seiner erfolglosen Bemühungen, »dazuzugehören«, brachen seine Schutzmechanismen zusammen. Am Abend kam es immer häufiger vor, dass Clemens weinte und seine Mutter nicht aus dem Zimmer lassen wollte; auch am Morgen wurde es immer schwieriger. Er begann zu trödeln, vergaß dies und das und wollte einfach nicht mehr zur Schule. Ein Gespräch mit der Lehrerin brachte die Eltern auf die Idee, für Clemens einen Ausflug mit Schulkameraden zu organisieren, zu dem vor allem Kinder eingeladen wurden, die nicht zum »harten Kern« der Meinungsführer zählten. Bei diesem Ausflug konnte Clemens plötzlich erleben, dass es ja noch eine ganze Reihe anderer Kinder gab, die nicht zu den »Chefs« gehörten und die sich auch allein fühlten. So kam es, dass Clemens den Mut fand, Andreas – der nur einige Straßen von ihm entfernt wohnte – zu fragen, am Morgen gemeinsam mit ihm zur Schule zu gehen. Langsam fand Clemens aus seiner sozialen Isolation heraus und konnte in der Klassengemeinschaft Fuß fassen.

Eine andere Ausdrucksweise, hinter der sich auch die Angst vor sozialer Missachtung verstecken kann, ist das Herumkaspern. Viele Kinder, die als Klassenclown die Aufmerksamkeit auf sich ziehen, werden von der Angst getrieben, von niemandem in der Klasse wahrgenommen zu werden und keinen Platz in der Gemeinschaft zu haben. Das auffallende Verhalten ist ein letzter Versuch, wenigstens irgendeinen Platz in der Hierarchie der Gemeinschaft zu erhalten – und sei es der eines Gauklers, der nicht wirklich ernst genommen wird. Hier ist ein behutsames Heranführen an andere Positionen seitens der Lehrerin oder des Lehrers ratsam, die an die speziellen Begabungen und Fähigkeiten des Kindes anknüpfen, wie am Beispiel von Lena deutlich wird:

In den ersten Tagen und Wochen nach Schulbeginn verhielt sich Lena auffallend still, sie sprach kaum ein Wort – weder mit der Lehrerin noch mit anderen Kindern. Hin und wieder zog sie eine Grimasse oder stieß eine schrillen Laut aus. Die Klassenkameraden reagierten zunächst erstaunt auf Lena, später machten sie einen Bogen um dieses Mädchen, das einen so sonderbar anschauen und sein Gesicht in alle Richtungen verziehen konnte. Schließlich mieden sie den Kontakt mit ihr und Lena rückte immer stärker ins Abseits. Ihre Aktionen brachten ihr innerhalb der Klasse einen Sonderstatus ein, allerdings den eines Außenseiters. Zu Hause wirkte Lena müde und gedrückt. Sie sprach immer häufiger von Katarina, ihrer Kindergartenfreundin, die ihr wohl sehr fehlte. An den Hausaufgaben hatte sie kein Interesse und wich auch hier auf die ihr bekannte Art und Weise aus: Kaum saß sie vor dem Heft, zappelte sie auf dem Stuhl so herum, dass sie herunterfiel, oder sie bemalte das Heft mit bunten Linien und Punkten, Blumen und Figuren. Lenas Mutter wandte sich verzweifelt und ratlos an die Lehrerin, der sie aus den Tagen im Kindergarten erzählte und davon, wie sehr Lena den sicheren Anker einer stabilen Freundschaft brauche, um »normal zu funktionieren«, wie sie es nannte. Lenas kreative Begabung und ihr Bewegungstalent waren nicht zu übersehen, und so ergriff die Lehrerin viele Gelegenheiten, um Lena diesbezüglich Aufmerksamkeit und Beachtung zu schenken. Lob und Anerkennung durch die Lehrerin holten das kleine Mädchen vom Rand der Gruppe weiter ins soziale Zentrum der Klasse, sodass sich auch die eine oder andere Freundschaft leichter anbahnen ließ. Nach und nach wurde Lena als lustige und ideenreiche Spielmacherin gemocht und das konsequente Schweigen wie auch das Grimassieren gehörten der Vergangenheit an. Dieser Prozess dauerte allerdings viele Wochen, und nur durch die liebevolle Unterstützung der Lehrerin und der Eltern war die Zeit für Lena erträglich.

Ein weiterer Versuch von Kindern, Zugang zum sozialen Kern der Klasse zu finden, besteht in den unterschiedlichen Formen, sich Freundschaften zu »erkaufen«. Auch dahinter steckt der Wunsch nach Zugehörigkeit. Instinktiv wissen die Kinder um die große Bedeutung eines »Dazugehörens«. Sie scheinen zu spüren, wie wichtig dies nicht nur in Bezug auf das seelische Wohlbefinden ist, sondern welche Auswirkungen dies auch auf ihre schulischen Erfolge nach sich ziehen kann. Und so werden Kinder beim Versuch, um jeden Preis dazuzugehören, recht erfinderisch, wie das Beispiel von Georg zeigt:

Georg war das ganze erste Schuljahr über ein unauffälliges Kind, das sich sichtlich ohne große Probleme in die Klassengemeinschaft einfügte und gute Leistungen erbrachte. Nach einem Schulwechsel, der durch den Umzug der Familie notwendig geworden war, fand sich Georg mit einem Mal anderen sozialen Spielregeln gegenüber, als er bisher gewohnt war. Er wollte unbedingt »dazugehören« und seine Bemühungen um Freundschaften beschäftigten ihn so sehr, dass er sich auf die Lerninhalte nicht mehr so gut konzentrieren konnte. Aus dem sozial gut integrierten und glänzenden Schüler Georg war mit einem Schlag ein sozial verunsicherter Junge geworden, der hart mit dem Lernstoff zu kämpfen hatte. Georg ging in den folgenden Wochen dazu über, einen Teil seines Taschengelds zum Kauf kleiner Geschenke – Süßigkeiten, Stifte, Spielkarten – zu verwenden und unter den angesehensten Jungen der Klasse zu verteilen. »Bitte sei mein Freund!« war die Botschaft, die sich hinter diesen Gaben verbarg. Doch die Jungen nutzten Georg nur aus und ließen ihn auch weiter links liegen. Der drastische Leistungsabfall führte dazu, dass der Lehrer sich intensiv mit Georgs Vorgeschichte beschäftigte und in Absprache mit den Eltern einiges unternahm, um ihm als Neuem einen angemessenen Platz in der Gemeinschaft zu ermöglichen.

Nicht immer nimmt die Angst einen Umweg über auffallende Verhaltensweisen. Manchmal äußern Kinder ihre Ängste auch direkt. Sie erzählen beispielsweise, dass sie sich vor bestimmten Kindern fürchten, dass sie Angst haben, ausgelacht, ausgeschlossen oder »gemobbt« zu werden. Alle diese Berichte sind ebenso ernst zu nehmen wie körperliche Beschwerden, etwa häufig auftretendes Bauchweh, Kopfschmerzen, Übelkeit oder Einschlafprobleme sowie eine Veränderung im bisher gewohnten Verhalten. Ganz gleich in welcher Form sich die Angst der Kinder vor der sozialen Situation in der Schule zeigt, muss die Situation ernst genommen werden und gemeinsame Schritte mit der Lehrerin oder dem Lehrer besprochen werden. Manchmal bietet es sich auch an, mit den für spezielle Situationen in der Schule eigens ausgebildeten Beratungslehrerinnen oder Schulpsychologen Kontakt aufzunehmen. Das Kind sollte ein Zusammenarbeiten von Elternhaus und Lehrern erleben können, damit es nicht noch zusätzlich in belastende Loyalitätskonflikte kommt.

Soziale Schwierigkeiten müssen ernst genommen werden. Dies bedeutet nicht, dass man den Kindern jeden Stein aus dem Weg räumt und versucht, alles für das Kind zu regeln. Es ist für das Kind sehr wichtig, zu Hause viel Lob, Zuspruch und Zuwendung zu bekommen sowie die Möglichkeit, sich auch im außerschulischen Bereich – z. B. mit Nachbarskindern oder in Spiel- und Sportgruppen – sozial bewähren zu können. Gleichzeitig sollte ihm das Gefühl vermittelt werden, dass es auch die Situation in der Schule schaffen kann und selbst bestimmen darf, wie viel an Hilfe es annehmen will. Im Zweifelsfall muss immer gemeinsam mit dem Kind überlegt werden, was helfen könnte. Manchmal kann z. B. die sog. »Zaubererfrage« als Einstieg für ein Gespräch dienen, um mit dem Kind über Lösungsmöglichkeiten nachzudenken: »Was müsste ein Zauberer alles machen, damit es dir in der Schule gut geht?« In den meisten Fällen entwickeln die Kinder selbst die besten Ideen dafür, wie die Situation zu meistern wäre. Allerdings brauchen sie zu deren Umsetzung den elterlichen Rückhalt und die Unterstützung der Lehrer.

Lernen und Leisten als Quelle der Angst

Einen zentralen Platz bei allen Fragen rund um Schulangst nimmt der gesamte Bereich des Lernens und der Leistung ein. In aller Regel sind Kinder zu Beginn ihrer Schullaufbahn neugierig und gehen unerschrocken an die Anforderungen heran. Leistungen zu erbringen macht Spaß, auch wenn das mit Anstrengungen und so mancher Überwindung einhergeht. Wer denkt nicht gern an die Zeit zurück, als man es endlich geschafft hat, die Buchstaben genau auf den Strich im Heft zu setzen, eine Linie zu einem schönen Kreis zusammenzuführen, oder endlich verstanden hat, wie das Geheimnis von »geteilt durch« zu lösen ist! Die vielen schulischen Anforderungen stellen für Kinder ein Bewährungsfeld dar, in dem sie nach und nach in die Geheimnisse von Lesen, Schreiben und Rechnen eingeführt werden und in dem sich viele Türen in bisher unbekannte Bereiche auftun. Das macht zunächst Freude und weckt viele Erwartungen. Prinzipiell ist jedes Lernen und jede Aufforderung, eine bestimmte Leistung zu erbringen, mit der Hoffnung verbunden, den Anforderungen auch gerecht werden zu können und Lob zu bekommen. Gleichzeitig meldet sich aber auch eine Sorge und Angst, Misserfolg zu haben oder zu scheitern und dafür vielleicht sogar bestraft zu werden. So sind die beiden Pole »Hoffnung auf Erfolg« und »Angst vor Misserfolg« auch in der Schule treibende Kräfte in der Auseinandersetzung mit den Lerninhalten.

Wie sich Versagensängste zeigen können

Bei Schulkindern ist zwischen der Angst, den Lernstoff nicht zu schaffen, also allgemeinen Versagensängsten, und der Angst vor einer Leistungsbeurteilung zu unterscheiden. Versagensängste zeigen sich häufig bei insgesamt ängstlichen Kindern, die sich wenig zutrauen und denen wenig zugetraut wird. Doch auch bei einem deutlichen Auseinanderklaffen von elterlichen Erwartungen und den realen Möglichkeiten des Kindes können sich Versagensängste lähmend auf das Kind legen und es daran hindern, sein Begabungspotenzial auszuschöpfen.

Gerade die erste Schulzeit ist eine sehr sensible Zeit, in der oft die Weichen für spätere Entwicklungen gestellt werden. Umso achtsamer sollte man in der Einschulungsphase sein, um bei Zeiten einer Fehlentwicklung entgegenzuwirken. Worauf sollten Eltern schauen? Dort, wo es alternative Möglichkeiten gibt, kann bei der Auswahl der Schule auf eine Passung zwischen den wahrgenommenen Begabungen des Kindes sowie den elterlichen Wünschen und dem Schulprofil geachtet werden. Es gibt zum Beispiel Schulen, die einen musischen Schwerpunkt haben, andere bieten gleich von Anfang an einen zweisprachigen Unterricht an, dritte wiederum bevorzugen alternative Pädagogikkonzepte, wie beispielsweise Montessori-Schulen oder anthroposophische Schulen. Informationen im Vorfeld können die Entscheidung erleichtern.

Doch auch die Einstellung der Eltern gegenüber den Leistungen der Kinder ist wichtig. Hier sollten die eigenen Erwartungen überprüft und an die Möglichkeiten der Kinder angeglichen werden. Auch wenn Eltern sich noch so sehr wünschen, ein »Wunderkind« zu haben, werden sie ihrem Kind mit so einer Erwartungshaltung keinen Gefallen tun. Wunderkinder sind selten – doch jedes Kind birgt eine ganze Reihe von kleinen und großen Wundern in sich, die es zu entdecken gilt. Kinder sollen das Gefühl vermittelt bekommen, dass sie ihren Weg in der Schule machen werden und dass sie vieles können – auch wenn es nicht immer gleich beim ersten Versuch so recht klappt. Bei Schwierigkeiten in der Bewältigung schulischer Anforderungen ist es wichtig, sich auf die Suche nach Bereichen zu machen, die das Kind gut kann – und da lässt sich bei jedem Kind etwas finden. Tägliches Lob für kleine Schritte in der Aufgabenbewältigung stärkt das Selbstbewusstsein und hilft, der Versagensangst vorzubeugen. Wenn das Kind hingegen ständig vermittelt bekommt, eigentlich nicht »gut genug zu sein«, und für die Eltern durch schlechte Leistungen geradezu als »Schandfleck« angesehen wird, steigert sich die Angst vor Misserfolgen. Diese Kinder kommen in die fatale Situation, mehr »können zu müssen« als sie tatsächlich können. Ein möglicher Ausweg scheint dann nur die totale Verweigerung zu sein.

Aus Angst vor Versagen, aus Angst, das Schlusslicht innerhalb der Klasse zu sein, greifen manche Kinder zu drastischen Maßnahmen und beschließen für sich, überhaupt nichts mehr für die Schule zu tun. So schaffen sie sich gleichsam ein Alibi, denn wenn man nichts lernt, dann kann man auch nichts – dies ist ja eine Binsenweisheit! Der elterlichen Aufforderung, doch endlich etwas für die Schule zu tun, kann das Kind nun aus verschiedenen Gründen nicht nachkommen: zum einen, weil es sich überfordert fühlt und vielleicht auch tatsächlich ohne Hilfe überfordert ist, zum anderen aber, weil es durch Offenlegen seiner Schwächen auch sein Gesicht verliert. Allerdings führt ein solches Verhalten mit Garantie genau zu der Situation, vor der das Kind die größte Angst hat: schlechte Noten bis hin zu Klassenwiederholung oder Schulwechsel. Ein Beispiel für diese negative Entwicklung ist die Geschichte von Patrick:

Patricks Eltern legten große Erwartungen in die Schullaufbahn ihres einzigen Sohns. Von Anfang an versuchten die Eltern, ihr Kind bei allen Anstrengungen und Leistungsanforderungen dahingehend zu unterstützen, dass sie ihm die einzelnen Lösungsschritte schon vorbereiteten. Misserfolg wurde mit Ablehnung und schroffen Worten begleitet. So wuchs Patrick in eine Welt »vorbereiteter« Erfolge hinein und wusste eigentlich gar nicht so recht, was er aus eigenen Stücken leisten konnte. In der Schule meisterte er die ersten Herausforderungen recht gut, doch bereits bei kleinen Misserfolgen oder Unsicherheiten entzog er sich den Anforderungen. Er musste plötzlich dringend zur Toilette oder schob Kopfschmerzen vor. Immer seltener gelang es dem Jungen, aus eigenen Stücken seine Leistungen zu erbringen. Die Eltern erhöhten den Druck auf Patrick und ermahnten ihn, sich doch mehr zu bemühen und besser aufzupassen. Auch versuchten sie nach altem Muster, die Lösungen für seine Aufgaben vorzubereiten, doch er wollte davon nichts mehr wissen. Immer öfter saß er mutlos und unsicher vor den Aufgaben, verweigerte in der Schule die Mitarbeit und versteckte sein Nichtkönnen häufig hinter fadenscheinigen Ausreden. Schließlich schloss er sich älteren Jungen an, die öfter die Schule schwänzten und stolz damit prahlten, nichts zu lernen. Seine Angst, zu versagen und den elterlichen Vorstellungen nicht entsprechen zu können, wurde immer größer. Diese Versagensangst legte sich lähmend über Patrick und führte ihn immer weiter weg von seinen Möglichkeiten, den schulischen Anforderungen zu entsprechen. Schließlich kam es so weit, dass man ernsthaft über seine Nichtversetzung nachdachte. Erst nach einer detaillierten schulpsychologischen Abklärung von Patricks Begabungsprofil und einigen Gesprächen mit den Eltern konnten wirksame Hilfestellungen angeboten werden.

Bei der Frage nach wirkungsvollen Maßnahmen im Zusammenhang mit Versagensängsten lässt sich leider kein Patenrezept anführen. In einem Fall kann es hilfreich sein, mit dem Kind gemeinsam zu lernen und in entspannter Atmosphäre das zu wiederholen, was in der Schule besprochen wurde. So hat das Kind Gelegenheit, sich mit dem Stoff in Ruhe und angstfreier Umgebung zu beschäftigen – vorausgesetzt, die Eltern erzeugen nicht Druck und Stress. Für andere Kinder ist es wichtig, dass sie als Ausgleich zum disziplinierten Schulalltag viel Bewegung und viele Spielmöglichkeiten haben – dann bewältigen sie oft viel rascher und leichter ihre Aufgaben, als wenn sie sich stundenlang an ihrem Schreibtisch herumquälen. Am Beispiel der sechsjährigen Antonia wird deutlich, dass auch Geduld und Verständnis für das individuelle Tempo eines Kindes wichtig im Prozess des Hineinfindens in das Schulleben mit all seinen Anforderungen ist und dadurch drohenden Versagensängsten vorbeugen kann:

Bei Antonia, einem aufgeweckten und sehr lebhaften Mädchen, blieb die Frage nach dem geeigneten Einschulungstermin recht lange offen. Schließlich entschlossen sich die Eltern, Antonia nicht noch ein Jahr im Kindergarten zu lassen, sondern einzuschulen. Der Schulbeginn verlief sehr positiv und Antonia gelang es rasch, sich in die soziale Gemeinschaft einzufügen. Nach einigen Monaten klagte sie jedoch häufig über Bauchschmerzen und wollte nicht mehr so gern von der Schule berichten. Der Mutter fiel auf, dass sie besonders den Fragen rund ums Rechnen auswich. Die Rücksprache mit der Lehrerin ergab, dass Antonia offensichtlich Schwierigkeiten hatte, allen schulischen Anforderungen gleichzeitig gerecht zu werden. Entweder gelang es ihr sehr gut, den sozialen Herausforderungen und der Einordnung in die Klassengemeinschaft nachzukommen – dann hatte sie aber mit den kognitiven Leistungen eher Schwierigkeiten. Oder Antonia brachte mit Leichtigkeit die gewünschten Leistungen – dann aber war sie in viele kleine und größere Streitereien verwickelt und verhielt sich ruppig und kratzbürstig. Es schien, als ob Antonia den vielfältigen Anforderungen der Schule noch nicht so gewachsen wäre. In Absprache mit der Lehrerin wurde Antonia in den folgenden Wochen zu Hause beim Lernen geduldig unterstützt, wobei sie sich das eine oder andere kleine Extra »verdienen« konnte und ganz stolz auf das Ergebnis ihrer Bemühungen war. In der Schule wurde sie vermehrt in Gruppenarbeiten eingebunden, was sie von dem Druck befreite, sich allein mit ihrer Leistung beweisen zu müssen. Antonia brauchte sichtlich noch ein bisschen Zeit, um ihre unterschiedlichen Fähigkeiten aufeinander abzustimmen.

In einigen Fällen kann es auch vorkommen, dass die »Passung« zwischen dem Kind und der Lehrerin oder dem Lehrer nicht stimmt und das Verhalten der Lehrperson Versagensängste auslöst oder verstärkt. Auch in diesem Fall sollte beizeiten das Problem thematisiert werden und gegebenenfalls ein Beratungslehrer oder eine Fachkraft vom schulpsychologischen Dienst an den Gesprächen beteiligt werden. Oft hilft es schon, wenn man gemeinsam mit dem Kind nach den »guten« Seiten der Lehrerin oder des Lehrers sucht und selbst als Eltern kein »Feindbild Lehrer« aufbaut.

Auf welche Art und Weise Kinder ihre Versagensängste auch immer zeigen, Eltern sollten darauf mit Verständnis reagieren, sich der schwierigen Situation ihrer Kinder annehmen und das Gespräch mit den zuständigen Lehrern oder Schulpsychologinnen suchen. Wenig hilfreich ist es, wenn man den kindlichen Versagensängsten ein »Aber du musst doch keine Angst haben« entgegenhält. Besser wäre es nachzufragen, was denn Angst macht und wie sich diese Angst »anfühlt«, wo sie das Kind wahrnimmt und welche Ideen es hat, sie wieder loszuwerden. Es ist besser, der Angst ins Gesicht zu sehen und sie beim Namen zu nennen als wegzuschauen oder abzulenken. Gemeinsam mit dem Kind kann man nach Strategien suchen, um die Angst in Schach zu halten oder auf ein Maß zu reduzieren, das vielleicht sogar helfen kann, die ganze Konzentration zusammenzunehmen und sich der Anforderung zu stellen. Wenn man hingegen vor der Angst die Augen verschließt, kann es leicht passieren, dass sie immer größer wird und das Kind in einen verhängnisvollen Teufelskreis von Angst, Misserfolg, Enttäuschung und geringem Selbstvertrauen bringt, der schließlich tatsächlich schulisches Versagen zur Folge hat.

Wie sich Ängste vor Leistungsbeurteilungen zeigen können

Neben der allgemeinen Versagensangst gibt es häufig auch die Angst vor der konkreten Leistungsbeurteilung. In unserem Schulsystem unterliegen die Leistungen einem Bewertungssystem, das auf Noten beruht. Es gibt mittlerweile aber vielerlei Versuche, auch ohne Notengebung, sondern durch schriftliche Beschreibungen der Lernbemühungen der Kinder alternative Formen der Leistungsbeurteilung zu finden. Ob nun über Noten oder durch verbale Beurteilungen, immer geht es darum, dass die kindlichen Leistungen gesichtet, beurteilt, klassifiziert und mit einem Etikett versehen werden. Da Noten über das schulische Weiterkommen und in letzter Konsequenz auch über den beruflichen Werdegang entscheiden, ist es nicht unwichtig, wie diese Noten im Verlauf des Schuljahrs und speziell an dessen Ende aussehen. Dementsprechend rückt die Angst vor schlechten Noten und Beurteilungen in den Mittelpunkt des Schulalltags. Tests, Prüfungen und Schularbeiten sollten eigentlich den Kindern dazu dienen, eine Rückmeldung über ihr Wissen und Können zu vermitteln und ihnen einen Anhaltspunkt für ihr Lernverhalten zu geben. Leider wird dieser Aspekt zu selten von den Lehrerinnen und Lehrern so an die Schüler herangebracht und dementsprechend fehlt den Kindern und Eltern häufig diese Sichtweise. Noten werden dadurch sehr rasch als feststehendes Urteil oder gar als Verurteilung verstanden. Und so kommt es gerade bei Schulanfängern und jungen Schulkindern darauf an, dass die Lehrerin oder der Lehrer mit begleitenden Worten dem Kind seine Note verständlich macht. Manchen Lehrern gelingt es, aus einer nackten Zahl eine kleine schöne Geschichte zu machen, die dem Kind erzählt, was es geleistet hat oder wo es sich vielleicht noch ein bisschen verbessern kann. Auch der eine oder andere Spruch, der auf das Wesen des Kindes oder auf seine spezifische Situation eingeht, kann Beurteilungen ergänzen und Kraft geben, wie die nachfolgenden Zeilen, die ein Schüler am Ende seines ersten Schuljahres zusätzlich zum Zeugnis von seiner Klassenlehrerin[7] erhielt:

Ein winziger Keim
wächst in der Erd',
voll Freude spürt er
die Kraft, die sich mehrt.
Geduldig in Ruh
strebt er zum Licht,
ohn' Angst steht er da,
der Sturm bricht ihn nicht.

Bei Schulanfängern besteht ein besonders enger Zusammenhang zwischen einer Note und dem daraus abgeleiteten Selbstwertgefühl. Dazu kommt noch, dass gerade in den ersten Schuljahren gute Schüler auch in der sozialen Rangordnung eine Sonderposition einnehmen, was wiederum den Selbstwert steigert. So wie es möglich ist, dass sich für gute Schüler die Erfolgsspirale nach oben schraubt, kann sich für schlechte Schüler die Misserfolgsspirale in Gang setzen. Für die einen führt das Zusammenwirken von guten Leistungen, Lob und Anerkennung durch Lehrer und Eltern sowie großem Ansehen bei den Mitschülerinnen und Mitschülern zu einem steten Anstieg von Lern- und Leistungsbereitschaft, schulischem Erfolg und Selbstwertgefühl. Für die anderen wirken sich schlechte Noten, mangelnde Wertschätzung durch die Lehrer, missbilligendes bis strafendes Elternverhalten und die Rolle des sozialen Schlusslichts innerhalb des Klassenverbands nicht nur auf die Schullaufbahn fatal aus. In einer Gesellschaft, die Leistung so hoch bewertet wie die westliche Welt, ist es sehr schwer, ein glückliches und zufriedenes Leben am unteren Ende der Leistungsskala zu führen.

Schlechte Leistungen können unterschiedliche Gründe haben und sind nicht ausschließlich die Folge von »Dummheit«! Diesen Sachverhalt sollten Eltern wissen und bei ihren Bemühungen bedenken, die Situation ihres Kindes zu verstehen und gemeinsam mit Fachkräften zu besprechen. In manchen Fällen verbirgt sich hinter schlechten Leistungen eine sogenannte Teilleistungsschwäche, die einer gezielten Förderung bedarf. Auch Einschränkungen im Sehen oder Hören, feinmotorische Auffälligkeiten oder andere kleine Behinderungen können der Grund für eingeschränkte Leistungsfähigkeit sein. Ein offenes Gespräch mit Beratungslehrerinnen oder Schulpsychologen ist in diesen Fällen ein wichtiger erster Schritt, um dem Kind zu helfen. Manchmal reagieren Kinder auch auf äußere Ereignisse, wie auf den Tod von nahen Angehörigen, Scheidung oder andere einschneidende Erlebnisse mit einem deutlichen Leistungsabfall. Hier kann man darauf vertrauen, dass das Kind nach einer ausreichenden Trauerzeit wieder Anschluss an seine alten Leistungen finden wird – vorausgesetzt, es trifft auf verständnisvolle Lehrerinnen und Lehrer sowie Möglichkeiten, sein inneres Gleichgewicht wiederzufinden (vgl. Teil 2, Kapitel 2 und 3).

Elterliche Reaktionen können Ängste auslösen

Zum Abschluss sei noch auf einen Aspekt von Schulangst eingegangen, der sich auf die elterlichen Reaktionen auf die schulischen Leistungen der Kinder bezieht. Geht man in der Entwicklung des Kindes zurück, dann sieht man, dass nicht erst mit dem Eintritt in die Schule das Thema Leistung eine Rolle spielt. Bereits das kleine Kind vollbringt Leistungen und erfährt Beurteilungen durch seine Eltern. Vom Laufenlernen bis zu den ersten Worten, vom Öffnen einer Tür bis zum Bauen eines hohen Turms aus Bausteinen – das Kinderleben ist voller Aufgaben, die zu meistern sind. Und manche Kinder vollbringen diese Leistungen mit einem »Sehr gut«, bei anderen läuft es nicht so gut und sie würden eher ein »Befriedigend« bekommen, wenn ein

Lehrer ihre Kleinkinderleistungen benoten müsste. Zum Glück ist dem nicht so und die Kinder können in aller Regel in der Geborgenheit der elterlichen Liebe und des elterlichen Stolzes ihr Können entfalten. Dennoch werden schon hier Muster erkennbar, wie Eltern mit ihren Kindern in Bezug auf Leistung umgehen. Auch kleine Kinder wollen für ihre Leistungen gelobt und nicht nur am Rande wahrgenommen werden. Lob ist der Ansporn, weitere Fortschritte zu machen! Dies ist bei kleinen Kindern so und findet seine Fortsetzung in der Schule.

Obwohl mit dem Eintritt in die Schule eine gewisse emotionale Distanzierung vollzogen wird, bleiben die Kinder ihren Eltern eng verbunden und sind bis weit in das Jugendalter von deren Beurteilung und Einschätzung abhängig. Auch spielt der Wunsch, den elterlichen Erwartungen und Vorstellungen zu entsprechen, offen oder versteckt eine wichtige Rolle für das Verhalten in der Schule. Gelingt es Eltern, die einzelnen Lernschritte der Kinder mit einer positiven Haltung, mit Lob, Anteilnahme und Wertschätzung zu begleiten und nicht nur als »selbstverständlich« abzutun, dann kann das Vertrauen in die eigene Leistungsfähigkeit wachsen, Versagensängste bleiben gering und Leistungsbeurteilungen können eher als das gesehen werden, was sie sind: als eine Wiedergabe der momentanen Leistungssituation – eine Momentaufnahme und kein einzementiertes Monument!

Bei der Begleitung von jüngeren Schulkindern ist besonders auf folgende Punkte zu achten:

- Die Kinder sollten nicht angehalten werden, elterliche Vorstellungen von Leistung und Erfolg gleichsam als Stellvertreter zu realisieren,
- Verständnis für das individuelle Tempo der Kinder aufbringen,
- gute Leistungen nicht als selbstverständlich hinstellen, sondern wertschätzen,
- bei schlechten Leistungen keine Abwertung des Kindes im Sinne von »Du bist dumm« vornehmen,
- sich mit Strafen bei schlechten Noten zurückhalten,
- Probleme gemeinsam angehen,
- das Kind immer wieder auch unabhängig von seinem schulischen Werdegang wahrnehmen und wertschätzen,
- zum Ausgleich kreative Beschäftigungen und Spiele anbieten.

Woran man Schulangst erkennen kann:
allgemeine Hinweise

Nicht immer ist es einfach, die Angst eines Kindes im Zusammenhang mit der Schule auch als solche wahrzunehmen, weil sie sich hinter ganz unterschiedlichen Verhaltensweisen und Reaktionen verbergen kann. Einige markante Beispiele sind in der nachfolgenden Zusammenstellung angeführt, die Hinweise auf das Vorhandensein von Angst, aber auch auf andere seelische Probleme geben können.

Hinweise auf das Vorhandensein von Schulangst:

- wenn Kinder anders sind als gewohnt: individuelle »Verhaltensauffälligkeiten«,
- aggressives Verhalten, Bockigkeit, Unzufriedenheit, Schimpfen u. Ä.,
- Sich-Einigeln, Rückzug, soz. Isolation,
- psychosomatische Reaktionen, z. B. Kopfweh, Bauchweh, Übelkeit, Einnässen, Schlafstörungen, Fingernägelkauen,
- Stressreaktionen, z. B. gesteigerte Unruhe, körperliche Anspannung,
- Konzentrationsstörungen,
- Lustlosigkeit, Müdigkeit,
- Vermeidungsverhalten, z. B. Trödeln, häufiges Zu-spät-Kommen, Nicht-zur-Schule-Wollen,
- Schulverweigerung.

Zeigt ein Kind eines oder mehrere der oben genannten Verhaltensweisen oder körperlichen Reaktionen, ist dies als Hilferuf zu deuten und sollte ernst genommen werden. Wie eine wirkungsvolle Unterstützung im Einzelfall aussehen kann, wird von der speziellen Situation, von der Persönlichkeit des Kindes und seinem sozialen Umfeld abhängen. Ein erster wichtiger Schritt seitens der Eltern ist immer, dem Kind zu signalisieren, dass es gemocht und ernst genommen wird – auch wenn es »Schwierigkeiten macht«! Gespräche mit den Lehrkräften, gezielte Unterstützung sowie das Erlernen von Angstbewältigungsstrategien können in vielen Fällen eine Entspannung der Situation mit sich bringen. Manchmal wird eine begleitende Beratung durch kompetente Fachkräfte notwendig sein, um das Kind ausreichend zu festigen.

6. Katastrophen:
»Kann das bei uns auch passieren?«

Zahlreiche Berichte in den Medien über unterschiedlichste Katastrophen vermitteln den Eindruck, dass die Welt vielerorts aus den Fugen zu geraten droht. Naturkatastrophen wie etwa Überschwemmungen, Flutwellen, Lawinenunglücke, Erdbeben oder Hurrikans machen deutlich, wie leicht unsere vermeintliche Sicherheit zerbrechen kann. Hinzu kommen noch Zugunglücke, Flugzeugabstürze, Seuchen, Epidemien und die vielen bewaffneten Auseinandersetzungen zwischen Menschen sowie weltweit vorkommende Attentate und Terroranschläge. All dies bedroht nicht nur unzählige Menschen an den Orten des Geschehens und ist in vielen Fällen mit existenzieller Vernichtung gleichzusetzen, sondern diese Ereignisse verunsichern auch alle, die davon Kenntnis erhalten. In einer Welt medialer Vernetzung sind dies sehr viele Menschen.

Bilder verwüsteter Landstriche, zerstörter Häuser und flüchtender Menschen erreichen via Bildschirm und Printmedien nahezu jeden Winkel. Menschliche Grenzerfahrungen, existenzielle Krisensituationen sowie Sterben und Tod werden in all ihren Facetten direkt ins Wohnzimmer geliefert. Auch die Berichterstattung im Radio sucht in drastischen Worten die Ereignisse nachzuzeichnen. All dies führt bei den meisten Menschen zu tiefer Betroffenheit. Aber auch Angst und Hilflosigkeit machen sich breit. Manchmal mag es gelingen, die Bilder und Berichte beiseite zu schieben und aus dem Bewusstsein zu verdrängen. Doch Ausmaß und Dramatik der Ereignisse haben meist nicht nur lokal beschränkte Folgen, sondern wirken sich auf das Leben aller Menschen – Erwachsener wie Kinder – aus. Viele Lebensbereiche werden von weltweit auftretenden Katastrophen betroffen. Die im Anschluss aufkeimenden Diskussionen betreffen politische, ökonomische, ökologische und soziale Dimensionen und wirken tief in Fragen gesellschaftlicher und persönlicher Werte hinein. Und sie bleiben durchaus nicht nur auf die Ebene der Verantwortungsträger beschränkt, sondern finden auch in den Familien statt.

Leben in einer unsicheren Welt

Warum lösen Katastrophen im Allgemeinen und Naturkatastrophen im Speziellen bei allen Menschen tiefe Betroffenheit aus und nicht nur dann, wenn sie selbst in Mitleidenschaft gezogen sind? Eine mögliche Antwort liegt vielleicht in dem großen Wunsch und der Sehnsucht des Menschen nach Sicherheit und Beherrschbarkeit seiner unmittelbaren Lebensumwelt. Das Bedürfnis nach Sicherheit, der Wunsch nach einer »heilen« Welt ist bei jedem Menschen sehr groß und kann gleichsam als lebensbegleitende Sehnsucht beschrieben werden. Sie nimmt ihren Anfang in den ersten Kindheitsjahren, wo Sicherheit ein elementares »Lebensmittel« ist. Die Stabilität der menschlichen Beziehungen, ein einigermaßen geordnetes Zuhause und eine als intakt erlebte Umwelt ist zu Beginn des Lebens ein wichtiger Garant für eine gute Entwicklung. Die große weite Welt mit ihren Verlockungen, aber auch mit ihren Gefahren erschließt sich dem Kind erst nach und nach. Immer wieder holt es sich für die neuen Schritte hinaus ins Unbekannte eine Portion Sicherheit bei der Mutter, beim Vater oder anderen vertrauten Menschen.

Die Vorgänge in der Natur werden ebenso wie die Spielregeln menschlichen Verhaltens beobachtet und erkundet. Der Forschergeist führt jedes kleine Kind in das Reich der tausend Fragen und macht auch vor den letzten Fragen nicht Halt (vgl. Teil 2, Kapitel 2, S. 65 ff.). All dies dient im Grunde dazu, den Geheimnissen in der Welt auf die Spur zu kommen und zu verstehen, warum sich Dinge so ereignen, wie sie sich ereignen, und warum Menschen so handeln, wie sie handeln. Mit jeder Einsicht, mit jedem kindlichen Verstehen erweitert sich nicht nur der geistige und seelische Horizont des Kindes, sondern es gewinnt auch zunehmend an Sicherheit. Eine Welt, deren Gesetzmäßigkeiten verstanden werden, Menschen, die sich nach bestimmten Regeln verhalten, bestärken das Kind, dass nicht nur in seiner kleinen Kinderwelt Sicherheit und Gesetzmäßigkeiten bestehen, sondern dass dies auch außerhalb der Familie der Fall ist. Dies ist für ein unerschrockenes und offenes Zugehen auf die unterschiedlichsten Lebenssituationen wichtig und fördert die Entstehung eines positiven Lebensgefühls.

Nun gibt es aber eine Fülle von Ereignissen, die dem Kind schon recht früh zeigen, dass das Leben nicht nur aus Sonnenschein und

Freude besteht, und dass es auch viele Momente gibt, in denen die Sicherheit zu schwinden droht. Auf viele Missstände, drohende Gefahren und gefährliche Situationen wird bereits in Märchen und Geschichten hingewiesen. In gewisser Weise handelt es sich dabei um ein Heranführen an eine Welt, die alles andere als sicher ist. Zum einen werden in Märchen dramatische Ereignisse thematisiert, die mit dem Aufbäumen der Natur oder mit gewaltigen Naturerscheinungen zusammenhängen, die die Existenz der Menschen bedrohen. Da »öffnet der Himmel seine Schleusen«, »bersten Felsblöcke«, »brechen riesige Krater auf« und bringen Menschen Not und Bedrängnis. Zum anderen rücken neben guten und hilfsbereiten Menschen auch jene in den Kern der Erzählungen, die sich als böse, hinterhältig oder gefährlich erweisen. Streit, Mord und Totschlag, Verfolgung und hinterlistige Täuschungen geben den Blick frei auf die finstersten Winkel der menschlichen Seele. Manchen Eltern scheinen die Märchen denn auch zu grausam und sie wollen ihre Kinder von diesen Schilderungen fernhalten – zu Unrecht. Durch den typischen Aufbau der Märchen und die bilderreiche Sprache kommen sie der kindlichen Gedanken- und Gefühlswelt sehr nahe und stellen eine wichtige Hilfe für die Verarbeitung unterschiedlichster Gefühle und Erlebnisse dar. Neben einer detaillierten Schilderung der jeweiligen Situation werden in den Märchen immer auch Problemlösungen entworfen oder zumindest Ansätze einer Bewältigung angeführt, sodass es in den meisten Fällen zu einem für die Kinderseele so wichtigen »Ende gut, alles gut« kommt.

In der Welt außerhalb von Märchen und Geschichten gibt es jedoch weder für Erwachsene noch für Kinder vorgefertigte Problemlösungen. Ob sich die dramatischen Ereignisse am Ende wieder zum Guten wenden und wie dies aussehen kann, bleibt in vielen Fällen für längere Zeit offen. Auch wenn nicht jeder Mensch primäre Erfahrungen mit Verwüstungen gemacht hat, die ein Hurrikan anrichtet, eine Sturmflut auslöst oder ein Erdrutsch nach sich zieht, so werden die übermittelten Bilder der Verwüstung doch mehr oder weniger breite Spuren der seelischen Erschütterung nach sich ziehen. Dies geschieht noch viel eher bei Ereignissen, die enger mit der eigenen Lebenswirklichkeit verbunden sind wie beispielsweise Unwetter, aggressive Übergriffe oder schwere Unfälle. Mit einem Schlag wird deutlich, wie unsicher die Welt um uns ist und wie rasch sich durch nicht kalkulierbare tragische Zufälle, klimatische Veränderungen oder dramatische soziale wie politische Eskalationen die Lebenssituation einzelner – manchmal auch vieler tausender – Menschen verändern kann. Solange sich die Ereignisse relativ weit weg abspielen, bleibt die Hoffnung, selbst verschont zu bleiben und die eigene Familie von den Gefahren fernhalten zu können, aufrecht. Doch der Glaube an die Beherrschbarkeit der Natur, das oft uneingeschränkte Vertrauen in die Technik sowie die Hoffnung auf ein solidarisches Miteinander zwischen Menschen und Nationen erleiden Einbrüche und schwächen das Vertrauen in die Sicherheit der eigenen Existenz. Vor allem aber rühren all diese Ereignisse an die uralte und tiefsitzende Angst, mit dem Tod in Berührung zu kommen.

Das menschliche Bedürfnis nach Sicherheit, Geborgenheit und Kalkulierbarkeit der Lebensumstände wird durch direkte oder indirekte Erfahrungen von Katastrophen stark in Mitleidenschaft gezogen. Um mit dieser Verunsicherung fertig zu werden, beschäftigen sich die einen verstärkt mit wissenschaftlichen Erklärungsansätzen, andere versuchen durch aktive Hilfestellung beispielsweise am Wiederaufbau zerstörter Gebiete aus der lähmenden Ohnmacht herauszukommen. Auch Glaubens- oder spirituelle Fragen bekommen in diesem Zusammenhang oft neue Bedeutung. Die einen verlieren angesichts der dramatischen Ereignisse jede Zuversicht in das Walten eines gütigen Gottes, andere wiederum werden in ihrem Glauben gestärkt oder finden gar wieder zu Gott zurück und erfahren auf diese Weise spirituellen Halt. Die jeweils sehr persönlichen Zugänge und Orientierungen der Erwachsenen angesichts von Katastrophen werden die konkrete Begleitung von Kindern in jedem Fall mit beeinflussen. All dies gilt sowohl für die von Menschen direkt verursachten Katastrophen – Krieg, Terror, Gewalt – als auch für Naturkatastrophen. Auf Letztere soll im Folgenden näher eingegangen werden. Wenn die Umwelt aus den Fugen gerät, wenn der Boden unter den Füßen bebt, die Erde sich auftut und gewaltige Wassermassen alles zu verschlingen drohen, erfahren Erwachsene wie Kinder eine existentielle Bedrohung. Diese Gefühle sind von elementarem Charakter und lassen sich nur schlecht mit jenen vergleichen, die von Menschen ausgelöste Katastrophen bewirken, bei denen »Verursacher«, »Täter«, »Schuldige« zumindest vordergründig dingfest gemacht werden und andere Bewältigungs-strategien eingeleitet werden können.

Naturkatastrophen in Mythos und Realität

Nicht nur Märchen legen Zeugnis von den unzähligen Schattenseiten menschlicher Existenz ab. Schaut man in die großen Menschheits-erzählungen, in Mythen und Sagen, wird besonders deutlich, dass seit Anbeginn der Menschheit von Katastrophen und Kriegen, Verwüs-tungen und lebensbedrohenden Gefahren berichtet wird. Bei Dar-stellungen von Naturkatastrophen nehmen die Flutlegenden einen besonderen Rang ein. Manchmal lassen sich die historischen Spuren nachvollziehen. Öfter verlieren sie sich jedoch in dunklen, sagenum-wobenen Gefilden, in denen sich Traum und Wirklichkeit, Fantasie und Realität vermischen. In unserem Kulturkreis ist der Bericht von der Sintflut wohl der bekannteste. Im ersten Buch Mose wird eine große und weltumspannende Flut beschrieben, die vierzig Tage und vierzig Nächte dauerte und selbst den höchsten Berg der Welt mit Wasser bedeckte. Als Antwort auf die Frage »Warum?« wird das sün-dige Leben der Menschen genannt und die Flut als Strafe Gottes ange-führt:

»Der Herr sah, dass auf der Erde die Schlechtigkeit des Menschen zu-nahm und dass alles Sinnen und Trachten seines Herzens immer nur böse war. Da reute es den Herrn, auf der Erde den Menschen gemacht zu haben, und es tat seinem Herzen weh. Der Herr sagte: Ich will den Men-schen, den ich erschaffen habe, vom Erdboden vertilgen, mit ihm auch das Vieh, die Kriechtiere und die Vögel des Himmels, denn es reut mich, sie gemacht zu haben. Nur Noah fand Gnade in den Augen des Herrn. (6:5-8)

Gleichzeitig wird durch die Figur des Noah, der auf göttliche Anwei-sung hin eine Arche baute, eine positive Entwicklung aufgezeigt:

Darauf sprach der Herr zu Noah: Geh in die Arche, du und dein ganzes Haus, denn ich habe gesehen, dass du unter deinen Zeitgenossen vor mir gerecht bist. Von allen reinen Tieren nimm dir je sieben Paare mit, und von allen unreinen Tieren je ein Paar, auch von den Vögeln des Himmels je sieben Männchen und Weibchen, um Nachwuchs auf der ganzen Erde am Leben zu erhalten. Denn noch sieben Tage dauert es, dann lasse ich es vierzig Tage und vierzig Nächte lang auf die Erde regnen und tilge vom Erdboden alle Wesen, die ich gemacht habe. Noah tat alles, was ihm der Herr aufgetragen hatte. (7:1-5)

Noah überlebt mit seiner Familie und den ausgewählten Tieren die Flut und landet mit der Arche auf dem Berg Ararat, von wo aus sich neues Leben über die Erde verbreiten konnte. Auch von einem neuen Bund, einem neuen Abkommen zwischen den Menschen und Gott ist im Alten Testament die Rede und von dem Versprechen, die Menschen nie wieder durch eine Flut zu bestrafen. Als Symbol des »neuen Bundes« gilt der Regenbogen.

Doch nicht nur in der Bibel wird die Sintflut erwähnt, es gibt kaum eine Kultur oder Religion, die nicht auf die eine oder andere Weise von gigantischen Überflutungen berichtet und von zerstörerischen Naturkatastrophen, die nur wenige überleben. Die älteste Überlieferung von einer weltweiten Flut, die in schriftlicher Form vorliegt, ist das Gilgamesch-Epos. Es entstand um 2600 v. Chr., und auch in diesem Epos wird die Flut als Strafe der Götter beschrieben, der nur einige Auserwählte entgehen können. Ähnliche Berichte gibt es in den Schriften der alten Griechen und Römer, in den Überlieferungen aus China, aus dem Reich der Azteken, aus dem Zweistromland, aus Indien und im skandinavischen Sagen- und Mythenkreis oder in den Überlieferungen der Eskimos.

Viele Berichte »aus alten Zeiten« greifen Themen auf, in denen sich die Natur immer wieder gegen den Menschen wendet und ihn in seiner Existenz bedroht. Auf der Suche nach Antworten auf die Frage, warum dies alles geschieht und wodurch diese Katastrophen ausgelöst werden, fanden die Menschen früherer Generationen eine Antwort im Wirken göttlicher Kräfte. Sie stellten auch häufig einen Bezug zwischen menschlichem Fehlverhalten und dem Auftreten von Katastrophen im Sinne einer Bestrafung her. Später machten sich Wissenschaftler unterschiedlichster Disziplinen daran, nach Erklärungen für jene besonderen Vorkommnisse zu suchen, die in allen bekannten antiken Schriften weltweit beschrieben werden. Aus heutiger Sicht der

Naturwissenschaften muss es zu gewaltigen Verschiebungen auf der Erde aufgrund äußerer Einflüsse gekommen sein, wie etwa durch das Aufschlagen eines Kometen oder Asteroiden, die einige der in den zahlreichen Flutlegenden beschriebenen Folgen nach sich zogen.

In historischen Schriften lassen sich neben Flutkatastrophen noch Aufzeichnungen von gewaltigen Erd- und Seebeben finden, von Vulkanausbrüchen, Überschwemmungen und Wirbelstürmen. Viele Katastrophen führten dazu, dass Menschen nach Möglichkeiten suchten, sich in Zukunft besser vor den Naturgewalten zu schützen. Vielfach hatten die Katastrophen nicht nur für einzelne Menschen weitreichende Folgen, sondern auch für die kulturellen, wirtschaftlichen und politischen Strömungen des betroffenen Landes. An dieser Stelle sei auf das Beben von Lissabon im Jahr 1755 hingewiesen, bei dem die Hauptstadt Portugals durch ein schweres Erdbeben mit nachfolgender Flutwelle und verheerender Feuersbrunst fast völlig zerstört wurde. Das Ausmaß der Katastrophe, das menschliche Leid ebenso wie die Zerstörung unersetzlicher Kunstschätze und Kulturgüter führten unter den Philosophen der Zeit wie Voltaire, Kant oder Lessing zu einer sogenannten Theodizee, also der Frage, wie ein gütiger Gott all das Übel in der Welt zulassen könne. Die vermeintliche Harmonie zwischen Gott und der Welt hatte einen nicht zu übersehenden Riss bekommen: Mit einem Schlag war die Welt nicht mehr die »beste aller Welten«! Noch heute wird das Erdbeben von Lissabon mit seinen umfassenden Folgen als Ereignis bezeichnet, das wie keine andere Naturkatastrophe in der Lage war, die europäische Kultur und Philosophie so maßgeblich zu verändern. Manche Wissenschaftler sprechen gar von einem Markstein europäischer Geistesgeschichte.

Die Berichte von Naturkatastrophen, die in heutiger Zeit zu den Menschen gelangen, sind nüchterner als all die Mythen und Legenden vergangener Tage und präziser als die historischen Schriften. Im Mittelpunkt des Fragenkomplexes »Katastrophen« steht damals wie heute die Suche nach umfassenden Antworten auf ein »Warum«. Manche Aspekte können mit den Mitteln der modernen Wissenschaft relativ gut erklärt werden, speziell dann, wenn es sich gleichsam um die »materielle Basis« handelt. Man weiß heute beispielsweise, wie Wirbelstürme entstehen, warum Seebeben auftreten oder wann mit Überflutungen zu rechnen ist.

Doch all dies ist nur ein Teil der Antwort auf das »Warum«, das so viele Menschen angesichts von Katastrophen beschäftigt. Auf der Suche nach befriedigenden Antworten kommt man sehr rasch nicht nur in den komplexen Bereich der Wissenschaft oder in politische Überlegungen, sondern stößt immer auch auf philosophisch-spirituelle Dimensionen. Mit einem Mal kann sich angesichts der dramatischen Ereignisse rund um Katastrophen die Frage nach dem Sinn des Lebens sehr schnell ganz neu stellen, die Frage nach Unterstützung, nach verlässlicher Hilfe und spirituellem Halt. Und Anlässe für solche Gedanken gibt es nur allzu oft.

Katastrophen machen Kindern Angst

Für Eltern und Erzieher ist es eine besondere Herausforderung, Kinder in ihrer Auseinandersetzung mit diesen Extremen menschlicher Existenz zu begleiten, und es tauchen viele Fragen auf: Was lösen Berichten über Katastrophen in den Köpfen und Herzen der Kinder aus? Was bedeuten Berichte über Zerstörung, Verwüstung und Tod für ihre Kinderwelt? Was können Eltern und Lehrer tun, um Kindern bei der Verarbeitung der Katastrophenbilder und -berichte zu helfen?

Viele Erwachsene erleben nicht nur selbst eine große Betroffenheit angesichts der vielen schrecklichen Bilder und Berichte, sondern fühlen sich auch im Umgang mit Kindern hilflos und überfordert. Wie sollen sie über das reden, was täglich über den Bildschirm ins Haus flimmert? Sollen sie überhaupt über alles reden? Welche positiven Bilder können sie den Schreckensszenarien entgegensetzen? Was sollen sie ihren Kindern antworten, wenn sie selbst keine Antwort wissen? Manche meinen, dass ihre Kinder mit all diesen Katastrophenmeldungen keine Schwierigkeiten haben – und kommen dann doch ins Grübeln: Woran können sie erkennen, dass ihre Kinder vielleicht doch Probleme haben? Und wie können sie eine wichtige und positive Auseinandersetzung mit wesentlichen Menschheitsfragen anregen? Welche Maßnahmen erleichtern es, aus der lähmenden Starre herauszukommen und dem Schrecken positive Handlungen entgegenzusetzen?

Ob und in welchem Ausmaß Kinder sich überhaupt mit den Dingen beschäftigen, die nicht unmittelbar in ihrer Kinderwelt geschehen, ist zum einen abhängig vom Alter und zum anderen vom Zugang zu

Informationsquellen. Ein Blick auf die häufigsten Kinderängste zeigt, dass die meisten mit Situationen zusammenhängen, die eng mit der kindlichen Entwicklung verknüpft sind oder im unmittelbaren Zusammenhang mit Ereignissen des Kinderalltages stehen. Und so bleibt das Leben »draußen«, das Leben in der großen weiten Welt mit allen bedrohlichen Vorkommnissen in den ersten Lebensjahren meist auch außerhalb des kindlichen Horizonts. Ausnahmen sind nur Vorkommnisse, die die Eltern selbst sehr stark in Mitleidenschaft ziehen, ihr Vertrauen in die Zukunft schwächen und ihre seelische Befindlichkeit eintrüben. Diese Veränderungen kann das Kind dann als Bedrohung erleben, sodass es selbst gleichsam auf Umwegen in Mitleidenschaft gezogen wird.

Doch bereits im Kindergartenalter nimmt das Kind sehr wach und aufmerksam Berichte und Bilder wahr, die von Katastrophen, Krieg und Terror handeln. Es spitzt die Ohren, wenn sich die Eltern über Tagesereignisse unterhalten, und schnappt Wortfetzen auf, die manchmal Verwirrung und Unsicherheit in seinem Kopf auslösen oder zu weitreichenden Fantasien oder manchmal auch Ängsten führen. Spätestens mit dem Eintritt in die Schule und mit dem Zugang zu Zeitungen, Fernsehen und Radio rückt die ganze Bandbreite von Ereignissen auf der Welt ins Blickfeld. Der Wissenschaftler im Kind meldet sich häufig zu Wort, will Zusammenhänge verstehen und hinter die oft vordergründig gelieferten Erklärungen schauen. Mit der Art der Informationsaufbereitung und der Fülle an Eindrücken sind Kinder jedoch rasch überfordert. So können sich alterstypische Ängste (vgl. S. 19 ff.) an einzelne Katastrophenszenen heften und dazu führen, dass die bisher mehr oder weniger sicher erlebte Welt mit einem Mal ins Wanken gerät und die bange Frage auftritt: »Mama, kann das bei uns auch passieren?«

Wie Kinder auf Katastrophenmeldungen reagieren

Die Reaktionen von Kindern auf Berichte und Bilder unterschiedlichster Katastrophensituationen sind zum einen immer auf dem Hintergrund des jeweiligen Alters und der damit verbundenen Sichtweisen zu sehen. Zum anderen spielen die Persönlichkeit des Kindes, die Reaktionen seiner unmittelbaren Umgebung und die familiäre Situation eine wichtige Rolle. Häufig vorkommende und genannte Reaktionen von Kindern auf Berichte und Bilder von Katastrophen sind:

• *Unsicherheit, Ratlosigkeit, Verlegenheit, Hilflosigkeit, Stillwerden, Traurigsein:*
»Ich weiß nicht, was ich dazu sagen soll ...«, »Warum?«, »Ich muss immer an die Kinder denken, die jetzt keine Mami mehr haben ...«, »Was soll man da machen?«, »Die vielen Menschen, die da sterben – mich macht das traurig.«

• *Ängstliche Anspannung, diffuse Ängste, Unruhe, Aggression oder gesteigerte Aktivität, betontes Überspielen der Angst (»Coolness«):*
»Wer weiß, ob das nicht auch bei uns passieren kann?!«, »Irgendwie macht mir alles Angst.«, »Ich kann schon nichts mehr davon hören – immer nur dieser Scheiß!«, »Wir müssen doch etwas tun!«, »Das interessiert mich alles nicht ...«

• *Gesteigertes Anlehnungsbedürfnis, regressive Verhaltensweisen, teilweiser Verlust bereits erlernter Kompetenzen:*
»Bitte geh nicht weg!«, »Ich möchte in deinem Bett schlafen«, »Papa soll zu Hause bleiben«, »Mag nicht allein in die Schule gehen!«

• *Psychosomatische Beschwerden:*
»Ich habe oft Kopfweh«, »In meinem Kopf pocht es oft so komisch«, »Ich kann schlecht einschlafen.«, »Hab keinen Hunger!«, »Immer wieder tut mein Bauch weh.«

Die Reaktionen der Kinder auf Katastrophenmeldungen werden stark davon beeinflusst, ob die Berichte über Katastrophen in irgendeinem Zusammenhang mit der eigenen Lebenswirklichkeit stehen. Nicht das Ausmaß oder die Anzahl der Verletzten und Toten ist für die Betroffenheit ausschlaggebend, sondern wie sehr die Informationen und Bilder »anschlussfähig« sind, d. h. ob sie die kindliche Gedanken- und Gefühlswelt erreichen. Ein gleichsam stellvertretendes Miterleben ist meist nur dann zu bemerken, wenn ein regionaler oder emotionaler Bezug zum Katastrophengebiet oder den betroffenen Menschen besteht. Berichte über Erdbeben am anderen Ende der Welt werden demnach weniger Betroffenheit auslösen als solche von einem Bergrutsch oder schwere Unwetterschäden in unmittelbarer Nachbarschaft des Wohnortes eines Kindes, wie die nachfolgenden Aussagen und Zeichnungen betroffener Kinder zeigen:

- »Letzten Sommer gab es eine große Überschwemmung – das Wasser ist bis in unser Haus gekommen und ich hatte solche Angst!«
- »Ich habe Angst, dass der Blitz in mein Zimmer kommt!«
- »Ich habe Angst, dass noch einmal so ein schlimmes Unwetter kommt und der Hagel alles kaputt macht ...«
- »Ich fürchte mich, wenn es blitzt und donnert und alles überschwemmt ist.«
- »Bei uns in der Nähe hat es einen Waldbrand gegeben und jetzt hab ich immer Angst, wenn es irgendwo blitzt.«

Ein weiterer Aspekt, der bei kindlichen Reaktionen auf Katastrophen zu bedenken ist, stellt die seelische Situation der Kinder dar. Schreckensbilder aus Katastrophenberichten dringen speziell dann ins

Abbildung 12: Schweres Gewitter

Bewusstsein vor, wenn sie dem inneren Chaos der Kinder entsprechen und gleichsam zum Sprachrohr für die persönlichen kleinen und großen Katastrophen werden. So kann das Bild einer verwüsteten Landschaft zum Symbol für die eigenen Seelenlandschaften werden, in denen der Verlust eines Elternteils, Misshandlungen, Alkoholprobleme der Eltern, drohendes Auseinanderbrechen der Familie und ähnliche familiäre Tragödien tiefe Spuren in der Kinderseele hinterlassen haben. Doch auch weniger weitreichende Ereignisse können die aktuellen Berichte in Zeitung, Radio oder Fernsehen überdecken und an den Rand drängen. Die alltäglichen Herausforderungen im sozialen Miteinander in Kindergarten oder Schule können sich aus der subjektiven Sicht eines Kindes zu Katastrophen ausweiten, die nicht die Existenz irgendwelcher weit entfernter Menschen gefährden, sondern das eigene soziale oder seelische Überleben bedrohen. Das Sprechen über Naturkatastrophen und das sensible Bearbeiten aller Gefühle, die beim Betrachten von Verwüstung auftauchen, können in diesen Fällen eine doppelte Funktion erfüllen und erste Hilfestellungen im Umgang mit den persönlichen Katastrophen im Leben eines Kindes geben.

Abbildung 13: Unwetter im Wald

Zur Rolle der Medien als Informationsvermittler

Informationen über Katastrophen im Allgemeinen und Naturkatastrophen im Speziellen gelangen in aller Regel über die Medien zu den Menschen. Neben den nüchternen Berichten über Zahlen und Fakten stehen bei der Bildberichterstattung drastische Bilder und das Herausgreifen besonders dramatischer Situationen und tragischer Schicksale von Einzelpersonen im Vordergrund. Bis die Zuschauer oder Zuhörer allerdings das jeweilige Ausmaß der Ereignisse erfassen und beurteilen können, vergeht meist eine geraume Zeit. Das Auge nimmt zwar Bilder der Zerstörung und Verwüstung auf, das Ohr hört Zahlen, Namen von Städten und Hilfsplänen, doch bis man auf allen Ebenen begreifen kann, was sich wirklich ereignet hat und ob diese Geschehnisse direkten Einfluss auf das eigene Leben haben oder nicht, können Stunden bis Tage vergehen. Langsam, wie durch einen dichten Filter, dringen die einzelnen Segmente der Nachrichten in uns ein und treffen auf längst abgespeicherte Bilder. Es sind Bilder, die sich im Laufe des eigenen Lebens und seiner einzigartigen individuellen Geschichte in Kopf und Herz festgesetzt haben. Sie sind verbunden mit Gefühlen, Ängsten, Wünschen und Hoffnungen. Neue Eindrücke werden mit den Erfahrungen der Vergangenheit nach den Kategorien »vertraut / bekannt« oder »nicht vertraut / unbekannt« verglichen und mit den jeweiligen Gefühls- und Gedankeninhalten verbunden. Neue Bilder treffen auf »Geschichte«, und diese ist immer auch verbunden mit den Grundthemen des Lebens, mit Veränderung, Trennung, Abschiednehmen und Loslassen sowie mit Krankheit, Leid und Tod.

Der Grad medialer Präsenz richtet sich nach dem Ausmaß der Katastrophe und deren Folgen. Lokale Ereignisse werden zwar in den regionalen Blättern und Sendern ausgiebig erörtert, können jedoch schon in der nächsten Stadt oder im nächsten Land keine Beachtung finden. Diese Unterscheidung spielt für Kinder keine so große Rolle, und sie können – wie bereits erwähnt – auf ein lokales Unwetter manchmal viel betroffener reagieren als auf einen Fernsehbericht einer weitreichenden Katastrophe an einem unbekannten Ort »weit draußen in der Welt«.

Welche Aspekte sind hinsichtlich der Wirkung auf Kinder noch zu bedenken? Berichte von Katastrophen, die rein medial vermittelt werden, haben bei Kindern häufig den Stellenwert eines Fernsehfilms oder werden überhaupt ausgeblendet – es sei denn, die Kinder erleben, wie betroffen die Eltern sind. In Zeiten, in denen das »Spiel mit dem Leben« oft als Teil der Freizeitbeschäftigung dient und in Form von Computerspielen Eingang in viele Familien gefunden hat, verwischen sich die Grenzen zwischen Realität und Fantasie oft. Es ist eine besondere Aufgabe für Eltern und erziehende Erwachsene, Kinder zu einem »gesunden« Medienkonsum anzuleiten. In jedem Fall sollte mit dem Fernsehen behutsam umgegangen werden

Kleine Kinder, speziell Kinder im Vorschulalter, sind in aller Regel nicht in der Lage, mit der Bilder- und Informationsflut des Fernsehens umzugehen, außer mit den ausdrücklich für dieses Alter produzierten Filmen. Sie werden von einer Bilderfülle überrollt, die zu sehr unterschiedlichen Gefühlen führen und Ängste auslösen kann. Auch wenn größere Kinder schon häufig einen sehr selbstständigen Umgang mit dem Fernsehen haben, ist es auch bei größeren Kindern wichtig, dass ein Erwachsener mit ihnen gemeinsam Informationssendungen und Berichterstattungen anschaut. Zum einen können Eltern ihrem Kind durch ihre Anwesenheit ein Stück Geborgenheit vermitteln – und das tut bei so vielen Angst auslösenden Bildern immer gut! Zum anderen ist es auch leichter möglich, direkt in ein Gespräch zu kommen und dem Kind dabei zu helfen, für die im Innern entstandenen Bilder Worte zu finden. Das kann ein ganz wichtiger Schritt sein, um belastende Gefühle nach außen zu lenken und dadurch einer Be- und Verarbeitung zuzuführen. Im Weiteren können Kinder auch angeregt werden, Bilder zu malen oder in Form von »Reporter-Spielen« einfache Szenen nachzuspielen. Bei größeren Kindern kann man im Anschluss an die Berichterstattung beispielsweise auch gemeinsam über Möglichkeiten einer Hilfestellung sprechen oder Wissensaspekte zur Sprache bringen.

Persönliche Voraussetzungen für eine sensible Begleitung

Für Eltern und Erzieher ist es in jedem Fall hilfreich, sich in das Kind hineinzuversetzen und nachzuspüren, wie die Welt aus seiner Sicht aussehen könnte und welche Fragen und Probleme auftauchen würden. Doch genauso wichtig ist es, dass die Erwachsenen sich ihrer eigenen Gefühle angesichts von Chaos und Verwüstung bewusst werden. Aus dem Zusammenwirken von einem bewussten Umgang mit der eigenen Gefühls- und Gedankenwelt und einem Hineindenken in die Welt des Kindes können dann passende Unterstützungsangebote entstehen.

Um Kindern in schwierigen Zeiten Halt geben zu können, ist es besonders wichtig, selbst gut verwurzelt zu sein. Je fester Eltern selbst verankert sind, desto eher werden sie ihren Kindern in stürmischen Zeiten beistehen können. Das bedeutet in erster Linie, sich selbst bewusst mit den aufkeimenden Fragen auseinanderzusetzen, die sich beim Lesen und Hören der Berichte über Naturkatastrophen und deren Folgen oder bei anderen gewaltsamen Ereignissen und Bedrohungen einstellen.

Fragen, die Eltern und Erzieher sich stellen sollten:

• Was löst das alles in mir selbst aus?
• Welche Gedanken kommen mir?
• Welche Gefühle habe ich und wie kann ich sie benennen?
• Was hilft mir selbst, vertrauensvoll in die Zukunft zu blicken?
• Welche Möglichkeiten zu reagieren sehe ich?
• Was brauche ich, um mich in der Welt zurechtzufinden?
• Mit wem kann ich mich austauschen?
• Wer hört mir zu?
• Was »trägt« mich?

Das sind nur einige wenige Fragen, um die sich eine intensive persönliche Auseinandersetzung ranken kann. Häufig werden dabei Themen an die Oberfläche kommen, denen man sich nicht immer gern stellt. Es sind Fragen zu Leben und Sterben, über den Sinn der menschlichen Existenz im Allgemeinen und den Sinn des eigenen Lebens im Speziellen. Auch wenn nicht jede Frage geklärt werden kann, so sind diese Momente des Innehaltens und Nachdenkens wichtige Bausteine für eine Standortbestimmung. Auf der Suche nach der einen oder anderen Form, mit den gebotenen Informationen über Elend, Leid und Zerstörung konstruktiv und aktiv umzugehen, wird sich vielleicht ein Fenster öffnen und den Blick auf Handlungsmöglichkeiten freigeben.

Sich selbst immer wieder als Suchenden und Fragenden zu erleben kann darüber hinaus helfen, die Situation der Kinder besser nachzuempfinden. Es geht in der Begleitung nicht so sehr darum, alles wissen, erklären und verstehen zu können. Vielmehr geht es um die Bereitschaft, sich gemeinsam auf die Suche zu begeben – auch auf die Suche nach den Quellen, die uns zur tiefen Überzeugung bringen, dass die Welt trotz allem im Grunde etwas Wunderbares ist. Es lohnt sich, daran zu arbeiten, diesem Gefühl und dem damit verbundenen Wissen in uns Raum zu geben, auch und gerade in Zeiten, in denen die Ereignisse an dieser Sichtweise Zweifel aufkommen lassen. Und so ist das Thema Urvertrauen nicht nur in der Betrachtung der kindlichen Entwicklung bedeutsam, sondern bleibt ein Leben lang wichtiger Bestandteil in der Auseinandersetzung mit zentralen Lebensthemen: Vertrauen zu mir selbst, Vertrauen zu anderen Menschen, Vertrauen in »das Ganze« – die Welt und Gott.

Was Kinder brauchen: Geborgenheit und Zuversicht

Katastrophen brechen in den allermeisten Fällen ganz plötzlich über Menschen oder Landstriche herein. Sie lassen sich schwer bis gar nicht vorhersagen und ihre Auswirkungen sind unabsehbar. Auch wenn es im einen oder anderen Fall vielleicht Vorahnungen, Anzeichen oder Warnungen gegeben haben mag, so steht man doch immer fassungslos vor dem, was dann konkret geschieht. Die Unvorhersehbarkeit und Unberechenbarkeit aller Katastrophen und Unglückssituationen macht es auch so schwierig, sich als Elternteil, Lehrerin oder Begleiter von Kindern gezielt vorzubereiten. Man weiß nicht, wann sich welches Unglück ereignen wird. Es ist nicht vorherzusehen, ob die nächsten Katastrophenmeldungen etwa von einem Autounfall, einem Unwetter oder einem Gebäudeeinsturz im näheren Lebensumfeld handeln wird oder etwa von einem Erdbeben, einer Sturmflut oder gewaltsamen Zerstörungsakten im Zuge politischer Auseinandersetzungen an weit entfernten Orten dieser Welt. Man weiß nur, dass es Katastrophen geben wird – heute, morgen oder in nicht allzu ferner Zukunft. Und so ist es hilfreich, prinzipielle Überlegungen anzustel-

len, was Kindern helfen kann, Katastrophenberichte und Schreckensbilder zu verarbeiten. Das führt dann zu der Frage, wie man Kindern
ganz allgemein ein Gefühl von Zuversicht, Selbstvertrauen und Sicherheit vermitteln kann, das nicht nur in guten und stabilen Zeiten trägt,
sondern auch den Bedrohungen von außen gegebenenfalls stand-
halten kann. In diesem Zusammenhang spielt das Thema Geborgenheit eine bedeutende Rolle.

In einem ersten Schritt geht es darum, dem Kind viele kleine Erfah-
rungen zu ermöglichen, in denen es sich sicher und geborgen fühlt.
Momente der Geborgenheit können dem Kind vermitteln, dass seine
Welt heil bleiben kann – auch wenn die Erde bebt, Chaos herrscht,
Häuser einstürzen. Momente der Geborgenheit schaffen Raum für
Nähe, Wärme und Licht – auch wenn Flüsse über die Ufer treten, ganze
Berghänge ins Rutschen geraten oder Krieg und Terror Menschen in
Angst und Schrecken versetzt. Die Ausrichtung auf Sicherheit und
Geborgenheit der eigenen Familie und des eigenen Kindes ist nicht zu
verwechseln mit einem nur auf eigene Vorteile bedachten Denken.
Bevor man jedoch solidarisch nach außen geht, um seine Hilfe in wel-
cher Form auch immer anderen anzubieten, müssen eigene Ressourcen vorhanden sein bzw. entwickelt werden. Erst wenn – bildlich
gesprochen – der »innere Gabenkorb« gefüllt ist, wird man reichlich
schenken können.

Bei Kindern muss darauf geachtet werden, dass sie bei der Beschäftigung mit Katastrophen nicht überfordert werden. In ihrer speziellen
Situation, in der Wachsen, Lernen und Reifen im Zentrum stehen,
brauchen sie die Gewissheit, dass sie einen gesicherten Platz, einen
»Heimatstützpunkt« haben – egal wie groß oder klein, üppig ausgestattet oder spärlich eingerichtet dieser auch sein mag. Was zählt,
ist die Qualität der Nähe und Zuwendung, die sich an den sogenannten seelischen Grundbedürfnissen, nämlich am Bedürfnis nach
Annahme, Beachtet-Werden, nach Umwelterkundung, Vorbildern und
nach Gruppenzugehörigkeit orientiert. Die Botschaft, die Eltern, Erzieher und andere erwachsene Begleiter Kindern vermitteln sollten,
muss in einem ersten Schritt sinngemäß immer lauten: »Auch wenn
es donnert und blitzt, auch wenn es Leid, Not, Verwüstung gibt –
du bist wichtig, du wirst geliebt, für dich wird gesorgt, du kannst
vertrauen.«

Je kleiner Kinder sind, desto einfacher müssen diese Botschaften sein. Was zu Beginn des Lebens Halt und Sicherheit gegeben hat, kann in stürmischen Zeiten immer wieder zum Dreh- und Angelpunkt emotionaler Geborgenheit werden.

Folgende Aspekte spielen bei der Vermittlung von emotionaler Geborgenheit eine große Rolle:

- *Verlässlichkeit:* »Ich bin bei dir«, »Ich halte mein Wort«,
- *Fürsorge:* »Ich gehe auf deine Bedürfnisse ein«, »Ich lasse dich nicht allein«,
- *Nähe:* »Ich nehme dich in den Arm«, »Ich spreche, singe, spiele mit dir«,
- *Zuversicht:* »Ich traue dir das Leben zu«, »Ich glaube an dich«.

Abbildung 14: »Ich gebe dir meine Hand und lass dich nicht allein.«

Was Eltern und Erzieher tun können:
Anregungen und Hilfestellungen

Bei den nachfolgenden Überlegungen und Anregungen für Hilfestellungen ist nicht an die Situation von Kindern gedacht, die selbst direkt Opfer von Katastrophen wurden. Dies würde den Rahmen dieses Buches sprengen und führt in den Bereich therapeutischen Handelns wie etwa der Trauma-Therapie. Im Folgenden geht es vielmehr um die Perspektive der mehr oder weniger Außenstehenden und um die Auswirkungen der Schreckensmeldungen und Schreckensbilder auf die Gefühls- und Gedankenwelt der Kinder. Im Zentrum der Ausführungen stehen dabei Naturkatastrophen. Wirksame Hilfestellungen sollten sich darauf beziehen, der Sprachlosigkeit angesichts der dramatischen Ereignisse und vermittelten Bilder entgegenzuwirken, den diffusen Ängsten der Kinder angemessen zu begegnen und nach konkreten Handlungsmöglichkeiten zu suchen. Form und Ausmaß der einzelnen Maßnahmen müssen sich immer am Alter der Kinder orientieren. Folgende Anregungen sind sowohl für Gespräche zu Hause als auch für pädagogische Einrichtungen wie Kindergärten, Horte, Schulen oder Freizeitgruppen gedacht.

• *Gegen die Sprachlosigkeit:* In Begegnungen mit Eltern und Erziehern wird immer wieder die Schwierigkeit thematisiert, über Katastrophenberichte ins Gespräch zu kommen. Aus einer gewissen Unsicherheit heraus verfallen Erwachsene dann häufig ins Schweigen. Damit ist den Kindern jedoch nicht gedient. Vielmehr brauchen sie Unterstützung dabei, Gefühle, Ängste und innere Bilder zum Ausdruck zu bringen. Sowohl zu Hause als auch im Unterricht sollen und müssen die Dinge zur Sprache kommen und in einem angemessenen Rahmen ihren Platz erhalten. In einem ersten Schritt geht es darum, angesichts von Katastrophenmeldungen nicht einfach zur Tagesordnung überzugehen und die Berichte beiseitezuschieben. Vielmehr müssen die Dinge beim Namen genannt und Gefühle angesprochen werden. Der Beziehungsaspekt in der Erziehungsarbeit steht bei solchen Begegnungen immer im Vordergrund sowie die Frage, wie man dem Kind in seinem häuslichen und außerfamiliären Umfeld Sicherheit anbieten und Geborgenheit vermitteln kann.

Was ist wichtig?

- Sich Zeit nehmen und sich darüber ein Bild machen, was Kinder und Jugendliche tatsächlich beschäftigt, welche Informationen, Meldungen und Bilder behalten wurden;
- Gespräche als Angebot vermitteln, unter dem Aspekt »Wie ist das für dich …«;
- den Fragen nicht ausweichen, altersgemäße Antworten geben und nur auf das antworten, was wirklich gefragt wird;
- die Antworten müssen ehrlich sein, mit der persönlichen Ansicht übereinstimmen und als »Ich-Botschaften« das Kind erreichen;
- die eigene Ratlosigkeit zugeben – auch ein »Ich weiß es nicht« ist o. k. – und gemeinsam nach möglichen Antworten suchen;
- Gesprächssituation in einem geschützten und Geborgenheit gebendem Umfeld ermöglichen – speziell kleine Kinder brauchen hier oft körperliche Nähe;
- bewusster und sensibler Umgang mit Medien – Kinder sollten nicht allein vor dem Fernseher mit Schreckensbildern konfrontiert werden;
- angesichts von Katastrophenberichten: gemeinsame Fernsehstunden, Auswahl der Sendungen, Nachbesprechen des Gesehenen und Gehörten;
- Suche nach geeigneten Bilderbüchern, Märchen, Geschichten oder anderen Texten, die einen Ansatzpunkt zum Reden geben können;
- gemeinsame Suche nach entsprechenden Worten, Vergleichen, Gesten …, die die inneren Bilder nach außen bringen können.

- *Den Ängsten der Kinder begegnen:* Viele Berichte und Bilder von Katastrophen lösen in Kindern diffuse und nur schwer benennbare Ängste aus. An diese im Verborgenen existierenden inneren Schatten können sich leicht Vorstellungen von Bedrohung und Gefahr knüpfen, die mit der Realität des Kindes gar nichts zu tun haben. Daher ist es wichtig, der Angst einen Namen zu geben. Nur so kann man dem Kind beistehen, Schritt für Schritt nach Möglichkeiten einer Angstbewältigung zu suchen.

Was ist wichtig?

- Angst als normale und »gesunde« Reaktion auf die Katastrophenmeldungen bezeichnen – »Das macht wirklich Angst!« – und nicht als Schwäche.
- Dabei helfen, der diffusen Angst ein konkretes Gesicht zu geben – »Ich habe Angst, dass …«

- Angstreduzierende Überlegungen anregen: »Was hilft dir, wenn du Angst hast?«
- Das Gefühl der persönlichen Sicherheit und Geborgenheit stärken: »Was gibt dir Sicherheit?«
- In jeder Angstsituation ist es für Kinder sehr wichtig zu erfahren: »Ich lasse dich nicht allein!«
- Die Hoffnung ansprechen, dass »so etwas« nicht wieder oder nicht im Umfeld des Kindes passieren wird und falls doch, gemeinsam überlegen, welche Form von Hilfe es gibt.
- Je nach Alter aber auch je nach Art der angesprochenen Katastrophe ist es wichtig, die Wahrscheinlichkeit anzusprechen, mit der so etwas im Umfeld des Kindes passieren kann.
- Informationen anbieten nach dem Motto: »Fakten statt Fantasien«.
- Katastrophengebiete und das Leben der Menschen in diesen Gebieten erfahrbar machen (Kultur, Religion, Geografie, Lebensweise u. a.).
- Nach kreativen Möglichkeiten suchen, diffuse Ängste zu konkretisieren – durch Malen, Wortspiele, Bewegungsimpulse, Spiele, Pantomime, Musik.

- *Suche nach konkreten Handlungsmöglichkeiten:* Bei den meisten Menschen – Erwachsenen wie Kindern – lösen die Berichte und Bilder von Katastrophen nicht nur Betroffenheit aus, sondern sie führen häufig zu einer lähmenden Erstarrung. Viele vergleichen diesen Zustand mit dem Gefühl der Ohnmacht oder der gebundenen Hände. Etwas tun zu können, zu helfen, aktiv zu werden ist ein entscheidender und wichtiger Schritt, aus dem Zustand der Hilflosigkeit herauszukommen. Für Kinder stellen gezielte Aktivitäten und unterschiedliche Formen der Solidarität ein wichtiges Gegengewicht zu Gefühlen der Angst und des Ausgeliefertseins dar.

Was ist wichtig?
- Das »Wir«-Gefühl stärken und die Solidarität im Kleinen (Familie, Freunde, Schule) sowie im Großen (Gemeinde, Heimatland) thematisieren.
- Allgemeine Überlegungen anstellen, was man in der Familie und in der Schulgemeinschaft tun kann: »Wie kann man helfen?«
- Gemeinsam besprechen, unter welchen Bedingungen welche Hilfestellungen sinnvoll sind – z. B. Sammeln von Informationen über Hilfsorganisationen, Projekte o. Ä.
- »Der Katastrophe ein Gesicht geben« – Suche nach Einzelschicksalen und biografischen Momenten im Leben der Betroffenen.

- Klärung altersgemäßer Handlungsmöglichkeiten (»Was können wir tun?«) und ihre Umsetzung, z. B. »Licht schicken«, »Kerzen für die Opfer anzünden«, »Beitrag vom Taschengeld spenden«, »Fürbitten für die Opfer«.
- Rituale finden, die dem Kind Sicherheit geben.
- Gedankenspiele machen, die der Frage nachgehen: »Was würde ich tun, wenn ...«
- Sich auf die Suche nach Hoffnungsbildern begeben – Texte, Lieder, Bibelstellen.
- Überlegungen anstellen, was in belastender Situationen helfen kann – angefangen bei schwierigen Situationen im Umfeld der Kinder bis hin zu den Bedürfnissen von Menschen in Not.
- Gemeinsam überlegen, wie es weitergehen könnte und Vorstellungen für ein »danach« entwickeln: »Was wird in Zukunft gebraucht und notwendig sein?«

Gedanken zum Schluss: Was Kinder trägt – Liebe geben und Geborgenheit vermitteln

Der richtige Umgang mit den kleinen und großen Ängsten und Sorgen der Kinder und mit ihren Fragen fordert Herz und Verstand in gleichem Maß. Um Kindern gerade angesichts schwerwiegender Geschehnisse im engeren oder weiteren Lebensumfeld Halt zu geben, muss man nicht für alles Erklärungen haben. Man muss nicht »allwissend« sein oder mit raschen Lösungen, Patentrezepten oder Ratschlägen wie beim Stammtisch aufwarten. Man sollte sich eher selbst als Suchenden begreifen lernen, der sich der eigenen Wurzeln bewusster wird und angesichts von Leid und Ausnahmesituationen nicht die Augen verschließt und zur Tagesordnung übergeht.

Selbst ratlos sein
und doch viele beraten können.
Selbst gebrochen sein
und doch vielen als Halt dienen.
Selbst Angst haben
und doch Vertrauen ausstrahlen.
Das alles ist Menschsein,
ist wirkliches Leben.

Martin Gutl

Hilfreiche Haltungen für die Begleitung von Kindern

Mit Kindern gemeinsam durch die Welt zu gehen war und ist immer eine Herausforderung. Als Zukunftsträger stehen Kinder im Mittelpunkt unserer Wünsche und Sehnsüchte, sie helfen uns, vieles auszuhalten, was wir allein vielleicht nicht schaffen könnten und nur durch den Blick auf ihre Zukunft meistern; sie bringen uns zum Lachen und Weinen und führen uns mit ihren Kinderfragen oft mitten hinein ins Leben. Wir wollen Kinder beschützen und ihnen schlechte Erfahrungen ersparen, wir wollen »das Beste« für sie – und werden leider allzu oft durch dramatische Ereignisse eines Besseren belehrt und auf die

Zerbrechlichkeit unserer Welt sowie auf die Grenzen des Machbaren hingewiesen. Dennoch ist es ein Recht der Kinder, gerade in Phasen der Verunsicherung Trost, Aufmunterung, Unterstützung und Orientierungshilfen zu bekommen.

Die wichtigste Grundvoraussetzung dafür, dass Probleme, Schwierigkeiten und Botschaften über Katastrophen aller Art nicht allzu tiefe dunkle Spuren in den Kinderseelen zurücklassen ist, dem Kind ein Gefühl der Geborgenheit zu vermitteln. Dies bedeutet nicht, alles Schwere, Unverständliche und Belastende vor Kindern tunlichst zu verbergen, von ihnen fernzuhalten oder unter den Teppich zu kehren. Vielmehr geht es darum, Kindern einen Ort zu schaffen, der ihnen Heimat sein kann und einen geschützten Rahmen darstellt, wo Kindersorgen und Kinderängste ausgesprochen werden können. Es geht um einen Ort liebevoller Anteilnahme, innerer Ruhe und Gelassenheit. Dabei wird viel von der Art und Weise abhängen, wie mit Kindern umgegangen und wie auf sie eingegangen wird. Im Idealfall ist es eine Atmosphäre der Geborgenheit und des Getragenseins, die es Kindern erlaubt, auf ihre ganz besondere Art und Weise, Fragen zu stellen – mit und ohne Worte. Es geht, wie bereits ausgeführt, um ein Klima der Wärme und Akzeptanz, in dem Kinder keine Sorge haben müssen, ausgelacht, weggeschoben, vertröstet oder nicht gehört zu werden. Der goldene Faden, aus dem dieser Teppich eines vertrauensvollen Umgangs gewebt wird, ist in allererster Linie die Liebe zum Kind, die sich in einem Respekt vor seiner Weltsicht ausdrückt. Es geht um ein bedingungsloses Ernstnehmen der Kinderwelt – auch wenn dies in vielen Fällen mit einem Mehr an Zeit und Geduld verbunden ist und mit der Bereitschaft, sich selbst als Lernenden zu begreifen.

Hilfreiche Grundhaltungen für die Begleitung von Kindern:

- selbst gut verwurzelt sein,
- sich nicht »allwissend« geben,
- Geborgenheit vermitteln,
- eine positive Atmosphäre schaffen,
- respektvoll und behutsam mit dem Kind umgehen.

Abbildung 15: »Zartes braucht einen achtsamen Umgang«

Zuwendung und Geborgenheit –
die Wurzeln von Vertrauen

In den seltensten Fällen ist es möglich, Kinder auf schwierige familiäre Situationen, persönliche Probleme oder dramatische Ereignisse gezielt vorzubereiten. Aus diesem Grund sollte überlegt werden, was Kindern helfen kann, Angst auslösende Situationen, Erfahrungen oder Berichte zu verarbeiten, und wie man ihnen ein Gefühl von Zuversicht, Selbstvertrauen und Sicherheit vermitteln kann.

Für Kinder ist es besonders wichtig, dass sie in ihrer kleinen Welt ein Gefühl der Geborgenheit erleben können, durch das der Keim des Urvertrauens wachsen und sich entfalten kann. Nur auf der Basis liebevoller Zuwendung entstehen Selbstvertrauen und Liebesfähigkeit. Nur auf der Basis liebevoller Zuwendung entwickeln sich ein Wir-Gefühl, ein Gefühl der Solidarität und die Möglichkeit, sich verantwortungsvoll und partnerschaftlich einem anderen Menschen zu öffnen. Und nur auf der Basis liebevoller Zuwendung gedeihen Hoffnung, Glaube und das Ja zum Leben.

Die Entstehungsgeschichte von Vertrauen ist an die ersten Lebensjahre gebunden – und hier ganz besonders stark an die ersten zwei Jahre. Je verlässlicher und positiver Menschen in den ersten Lebensjahren mit einem Kind umgehen, desto eher werden sie das Pflänzchen Vertrauen zum Blühen bringen. Zuerst muss der Glaube in die eigene Person gestärkt werden, durch den Selbstbewusstsein und Selbstwert entstehen können. Aus dem Gefühl heraus, selbst geliebt und angenommen zu sein, wird es dann leichter möglich, sich einem anderen Menschen vertrauensvoll zu öffnen. Schließlich wächst durch immer wiederkehrende positive Erfahrungen mit sich selbst und anderen eine umfassendere Überzeugung heran, dass die Welt eine gute Welt ist, in der man sich prinzipiell geborgen fühlen kann. Menschen, die mit einer gesunden Portion Urvertrauen ausgestattet sind, können beispielsweise sagen:

- »Ich fühle mich geborgen«, »Ich bin liebenswert.«
- »Ich vertraue dir«, »Ich fühle mich verstanden«, »Ich hab dich lieb.«
- »Das Leben ist toll!«, »Das Leben hat Sinn.«

Menschen, die mit wenig Urvertrauen bis hin zu einem ausgeprägten Misstrauen groß wurden, sagen dagegen beispielsweise:

- »Ich bin nicht liebenswert«, »Ich gehöre nicht dazu.«
- »Niemand versteht mich«, »Ich kann keinem trauen.«
- »Anstrengung lohnt sich nicht«, »Es hat doch alles keinen Sinn.«

Von Kindern wird man diese Aussagen meist nicht so direkt hören, sie werden die Botschaften eher durch ihr gesamtes Verhalten zum Ausdruck bringen. Die Art und Weise, wie dies geschieht, wird sehr stark vom Alter beeinflusst. Häufig merkt man am Umgang der Kinder mit sich selbst und mit anderen, ob und in welchem Maße sie vertrauensvoll ins Leben schauen. Mangelndes Urvertrauen lässt Kinder misstrauisch und wenig offen auf die Welt und ihre Anforderungen zugehen. Wer in frühen Jahren nicht die zuverlässige Liebe eines Menschen erleben konnte, wird Schwierigkeiten haben, sich selbst wertzuschätzen, sich etwas zuzutrauen und sich selbstbewusst in seine Umwelt einzubringen. Auch häufig auftretende Schwierigkeiten, Freunde zu finden, und rasches Resignieren bei Herausforderungen verschiedenster Art machen ein mangelndes Selbstvertrauen deutlich.

Mit Kindern, denen es in frühen Lebensphasen an wichtiger Seelennahrung mangelte, muss man besonders verständnisvoll, achtsam und liebevoll umgehen. Ganz wichtig ist es für diese Kinder, dass sie Menschen treffen, die verlässlich sind – jeden Tag aufs Neue. Dies gilt bereits für Zeiten relativer innerer und äußerer Sicherheit. Besonders notwendig ist so eine einfühlsame Begleitung aber in Phasen, in denen durch bedrohliche äußere Ereignisse die dünne innere Schicht des Vertrauens einzubrechen droht.

Die herausragende Bedeutung von Vertrauen zeigt sich ganz besonders am kindlichen Umgang mit schwierigen Situationen. Kinder, die in ihren frühen Jahren liebevolle Zuwendung erfahren haben, können gestärkt ins Leben gehen. Das heißt nicht, dass sie von Krisen verschont bleiben. Die Jahre der Kindheit und Jugend bringen immer auch kritische Ereignisse und eine Anzahl von Stolpersteinen mit sich – für jeden heranwachsenden Menschen. Doch Kinder, die mit einer gehörigen Portion Vertrauen ausgestattet sind, werden sehr rasch die Fähigkeit entwickeln, mit Enttäuschungen umgehen zu lernen, Ängste zu überwinden, Krisen zu verkraften und gegebenenfalls die ihnen angebotenen Hilfestellung optimal zu nutzen. Immer wieder können sie aus der »Urquelle Vertrauen« Mut schöpfen und sich mit aller Kraft dem Leben zuwenden.

Was lernen Kinder durch und an den Menschen, die sie begleiten?

Ein Kind, das ständig kritisiert wird,
lernt zu verurteilen.
Ein Kind, das geschlagen wird,
lernt selbst zu schlagen.
Ein Kind, das verhöhnt wird,
lernt Spott.
Ein Kind, das der Ironie ausgesetzt wird,
bekommt ein schlechtes Gewissen.

Aber ein Kind, das ermuntert wird,
lernt Selbstvertrauen.
Ein Kind, dem mit Toleranz begegnet wird,

lernt Geduld.
Ein Kind, das gelobt wird,
lernt Zuversicht.
Ein Kind, das Ehrlichkeit erlebt,
lernt Gerechtigkeit.
Ein Kind, das Zuneigung erfährt,
lernt Freundschaft.
Ein Kind, das Geborgenheit erleben darf,
lernt Vertrauen.
Ein Kind, das geliebt und umarmt wird,
lernt, Liebe in dieser Welt zu empfinden.

Auch für die Bewältigung von Gefühlen, die mit Bedrohungen aller Art verbunden sind, ist der emotionale Halt, den Kinder erfahren haben und den man ihnen immer wieder aufs Neue geben kann und sollte, von immenser Bedeutung. Auch wenn sich das Urvertrauen in den ersten Jahren entwickelt und dort seine Wurzeln hat, ist es wichtig, immer wieder »Wurzelpflege« zu betreiben und zwar nicht erst dann, wenn innere oder äußere Katastrophen dies notwendig machen. Dabei setzen viele Überlegungen, wie man Kinder unterstützen und ihnen bei der Bewältigung belastender Gefühle helfen kann, allzu oft nur an der Oberfläche an. Sie befassen sich günstigenfalls mit Erklärungs-mustern und Wissensansätzen oder begeben sich gar auf die Suche nach Ablenkungs- und Vertröstungsstrategien. Die besten Unterstüt-zungshilfen werden jedoch wenig fruchten, wenn man dabei die Pflege und Festigung jener Gefühle vergisst, die zu Beginn des Lebens, als die ganze Welt noch fremd und manchmal auch bedrohlich war, geholfen haben, ins Leben hineinzuwachsen.

Momente der Geborgenheit

Die »Wurzelpflege« kann darin bestehen, viele kleine Momente der Geborgenheit wachzurufen. So bringt jeder Tag eine Fülle an Möglich-keiten, Kindern das Gefühl zu geben, dass sie willkommen und so wie sie sind »in Ordnung« sind. Kleine Gesten können dies zum Ausdruck bringen. Im Bild der ausgebreiteten Arme wird wohl besonders deut-lich, was unter Geborgenheit zu verstehen ist. Es geht um die bedin-

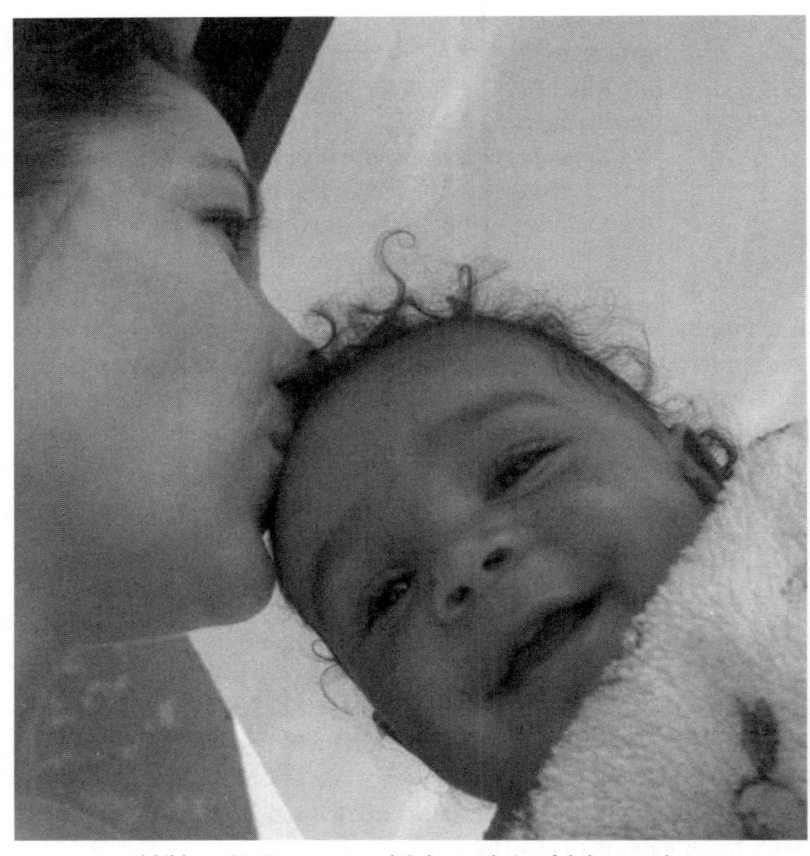

Abbildung 16: Vertrauen und Geborgenheit erfahrbar machen

gungslose Bereitschaft, dem Kind die Arme zu öffnen und ihm Schutz, Sicherheit, Wärme zu schenken – ganz gleich was geschehen ist. Kinder brauchen mehr als alles andere das Gefühl, um ihrer selbst willen geliebt zu werden. Sie müssen sich darauf verlassen können, dass sie auch dann geliebt werden, wenn sie nicht dem Bild eines Musterkinds entsprechen, welches vielleicht in den Vorstellungen mancher Erwachsener herumgeistert. Geliebt zu werden ohne Wenn und Aber – das brauchen Kinder. Das Maß an Liebe, das Erwachsene den Kindern entgegenbringen, sollte deshalb auf keinen Fall nach Art der erbrachten Leistung schwanken oder nach dem Ausmaß an »Wohlverhalten« und Angepasstheit. Momente der Geborgenheit lassen sich in den normalen Alltag gut und ohne großen Aufwand einbauen.

Momente der Geborgenheit können sein:
- Eine große Hand schließt sich um eine kleine Kinderhand und gibt ihr Schutz,
- Arme werden geöffnet, in die sich das Kind hineinfallen lassen kann,
- behutsam streichelt eine sanfte Hand durch struppiges Haar.

Momente der Geborgenheit können sein:
- Ein verständnisvolles Lächeln,
- Kinderworten Glauben schenken,
- ein Abschiedskuss, ein Winken.

Die bedingungslose Liebe der Eltern zu ihrem Kind ist nicht zu verwechseln mit einem »alles Akzeptieren, was Kinder machen«. Natürlich haben Eltern und andere Bezugspersonen wichtige erzieherische Aufgaben zu erfüllen. Manchmal ist es notwendig, korrigierend einzugreifen, zu mahnen und ermahnen oder zu anderen Sanktionen zu greifen. Gebote und Verbote dienen als Orientierungspunkte und sollen Kindern helfen, in das soziale Miteinander hineinzuwachsen und die Schritte in ihrer Entwicklung langsam und entsprechend ihren Möglichkeiten zu tun. Doch all dies muss auf dem Hintergrund eines prinzipiell respektvollen Umgangs und mit einem grundsätzlichen *Ja* zum Kind und seinen individuellen Möglichkeiten und Eigenschaften geschehen. Dieses »Ja zum Kind« ist nicht nur Ausdruck einer Liebe, die der Nährboden für das Urvertrauen ist, es ist selbst als Ausdruck eines tiefen Vertrauens der Eltern in die Welt zu verstehen. Kinder spüren das ganz intuitiv. Ein altes indisches Sprichwort sagt:»Mit jedem Kind, das geboren wird, sagt uns Gott, dass er noch nicht an dieser Welt verzweifelt ist.« In Anlehnung an diesen Satz könnte man auch sagen, dass mit jedem Kind, zu dem Eltern Ja sagen, das Vertrauen in die Zukunft gestützt wird. Es ist das Vertrauen in»das Haus von morgen«, in das wir unsere Kinder entlassen werden und für das es sich lohnt zu leben.

Beziehungsqualität vor Beziehungsquantität

In der Begegnung mit Kindern steht die Dimension der Qualität weit über der Dimension der Quantität. Oft sind es gerade die vielen kleinen Momente, die zählen: ein liebevoller Blick – JETZT, ein Hören auf kindliche Fragen – JETZT, ein wortloses In-den-Arm-Nehmen – JETZT. Alle Bemühungen, Kindern ausreichend Halt zu geben, laufen letztlich darauf hinaus, dass Erwachsene bereit sind, im Hier und Jetzt auf kindliche Erfahrungen, Ängste, Nöte und Fragen einzugehen. In Sätzen wie:»Jetzt nicht, Anna!«,»Später, Georg!« spiegelt sich häufig nicht so sehr ein Zeitmangel als vielmehr mangelnde Bereitschaft wider, die Welt aus der Kinderperspektive zu sehen.

Vertröstungen sind schlechte Weggefährten von Vertrauen. In ihnen schlummert der Keim von mangelnder Wertschätzung und Unverständnis oder von Hilf- und Ratlosigkeit. Beides hilft Kindern nicht weiter, sondern schadet ihnen. In dem einen Fall werden sie sich in ihr Schneckenhaus zurückziehen, immer seltener mit ihren Fragen nach außen kommen und sich schließlich enttäuscht und verunsichert von der Welt der Erwachsenen abkoppeln. Im anderen Fall werden die Ängste und Unsicherheiten des Kindes durch die unausgesprochene und doch deutlich spürbare Unsicherheit der Erwachsenen noch vergrößert. Als Erwachsener vor Kindern selbst ratlos dazustehen und sich als Suchender zu zeigen ist für das Vertrauensverhältnis nicht schädlich – im Gegenteil. Angesichts dramatischer Ereignisse ist Ratlosigkeit oft die einzig ehrliche Reaktion. Die richtige und Halt gebende Reaktion der Erwachsenen auf die Ratlosigkeit der Kinder wiederum liegt in der Bereitschaft zu Nähe und Gemeinsamkeit. Mit der eigenen Angst nicht allein gelassen zu werden – das ist es, was in der

Begleitung von Kindern zählt, und dies ist weit davon entfernt, Patentlösung bereitzuhalten.

Auseinandersetzung mit den eigenen Ressourcen

Die Situation von Eltern ist in manchen Fällen leider nicht so, dass sie ihren Kindern optimale Bedingungen für den Start ins Leben mitgeben können. Manchmal war die eigene Geschichte schwierig und schmerzhaft und hatte wenig Platz für den Aufbau vertrauensvoller Beziehung gelassen. Dann fällt es schwer, die nötige Sicherheit und Zuversicht im Leben und im Umgang mit den eigenen Kindern zu entwickeln. In anderen Fällen kann sich durch die aktuelle Lebenssituation, durch verschiedenste Belastungen und Sorgen ein Zustand der Erschöpfung und Unzufriedenheit einstellen. Es braucht viel Überwindung, anderen Lob und Anerkennung auszusprechen, wenn man selbst niedergedrückt wird und das Gefühl hat, wenig anerkannt und geliebt zu werden. Und so kann es geschehen, dass die elementaren Bedürfnisse der Kinder nur unzureichend wahrgenommen werden und für auftauchende kindliche Ängste oder Fragen kein Platz bleibt. Es fällt schwer, Kinder zu ermutigen, wenn man selbst voller Sorgen ist und alles andere als vertrauens- und hoffnungsvoll in die Zukunft schaut. Dauern solche Situation über längere Zeitspannen an, spitzt sich die Situation auch für die Kinder zu. Hier ist es unbedingt notwendig, dass Eltern sich selbst wirkungsvolle Entlastungsmöglichkeiten – professionell geführte Gespräche, Beratung oder Therapie – suchen, die ihnen helfen, die Basis für ein gutes Zusammenleben wiederherzustellen oder neu aufzubauen.

Kindern in schwierigen Situationen Halt zu geben setzt demnach auch einen achtsamen Umgang mit sich selbst voraus sowie die Bereitschaft, ein Stück zurückzuschauen und nach Situationen und Menschen zu suchen, die einem selbst Wertschätzung entgegengebracht haben. Auch wenn die eigene Lebensgeschichte schwer und von einem lieblosen Umgang gekennzeichnet war, so wird es den einen oder anderen Moment gegeben haben, in dem man Liebe, Verständnis oder Anerkennung erfahren hat. Es sind diese lichten Momente, auf die man den Blick lenken soll, um sie lebendig zu halten und weiterzugeben zu können. Man kann dies vielleicht mit dem Einfahren einer

Ernte vergleichen. Auf den Erntewagen kommen beispielsweise Erfahrungen, in denen man von einem Erwachsenen ernst genommen wurde, oder Situationen, in denen man für Fehler nicht ausgelacht oder beschimpft wurde. Manche Menschen können diese Rückschau auf die Ernte der Kindheit allein machen, für andere ist es besser und zielführender, dies mit Freunden, Partnern oder auch professionellen Begleitern zu tun. Es ist keine Schande, Hilfe in Anspruch zu nehmen!

Die Auseinandersetzung mit der eigenen Geschichte und den eigenen Ressourcen lohnt sich und kann im Umgang mit Kindern eine wichtige Hilfe sein – dies gilt nicht nur für Mütter und Väter. Kinder wählen sich als Anlaufstelle für ihre Fragen nicht immer die eigenen Eltern aus. Jahr für Jahr wird der Kreis an Vertrauenspersonen größer und das Netz sozialer Bezüge erweitert sich. Alle Menschen, denen Kinder begegnen, leisten auf ihre Art und Weise einen Beitrag dazu, ob und wie sich ein Kind in der Welt verankern kann. Es sind zum einen Menschen aus dem näheren sozialen Umfeld der Familie wie beispielsweise Verwandte, Freunde oder Arbeitskollegen der Eltern, zum anderen Menschen aus dem weiteren sozialen Feld, wie Kindergärtnerinnen, Lehrer, (Kinder-)Ärztinnen und andere, die sich beruflich mit Kindern beschäftigen. Bis zu einem gewissen Grad sind Kinder dem Einfluss dieser Menschen, ihrer Weltsicht und ihren Strategien, mit den Anforderungen des Lebens fertigzuwerden, ausgeliefert. Andererseits entwickeln sie schon rasch Vorlieben für ganz bestimmte Personen, denen sie sich öffnen und anvertrauen. Und so sind es nicht nur Eltern, die stützend und Halt gebend das Leben von Kindern prägen und an einem Mantel der Geborgenheit weben können, sondern ein großer Kreis von Menschen. Sie alle sind aufgerufen, innere Kräfte zu entfalten, die es ihnen möglich machen zu sagen:

- »Du bist wichtig, du bedeutest mir viel, deine Welt interessiert mich!«
- »Ich möchte dich verstehen, ich möchte dir beistehen, ich möchte bei dir sein!«
- »Ich schenke dir meine Zeit, ich öffne mich, ich bin ehrlich mit dir!«
- »Ich weiß nicht alles – aber ich bin bereit, mich mit dir auf die Suche nach Antworten auf deine Fragen zu begeben!«

Abbildung 17: Innere Kräfte entfalten

Anhang

Anmerkungen

1 Sendak, M.: Wo die wilden Kerle wohnen. Diogenes 1992.
2 Janosch: Oh, wie schön ist Panama. Beltz 2004.
3 Ende, M.: Das Traumfresserchen. Carlsen 2005.
4 Stone, B./Steadman, R.: Was macht die Maus im Krankenhaus? Hoch 1990.
5 Scheidungen, Eheschließungen und Scheidungsraten in Deutschland. Statistisches Bundesamt, Pressestelle. Gustav-Stresemann-Ring 11, 65189 Wiesbaden.
6 Aus: Kläring, J./Specht-Tomann, M.: Federgeschichten. Unveröffentlichtes Manuskript.
7 Rothe, R.: Zeugnisspruch, Freie Waldorfschule Graz.

Literatur

Bachmann, I.: Abends frag ich meine Mutter. In: Sämtliche Gedichte. Piper 1995.
Bensel, J./Haug-Schnabel, G.: Vom Säugling zum Schulkind. Entwicklungspsychologische Grundlagen. Herder 2006.
Bergmann, W.: Die Welt der neuen Kinder. Erziehen im Informationszeitalter. Walter 2000.
Bettelheim, B.: Ein Leben für Kinder. Erziehung in unserer Zeit. Beltz 2003.
Bojdunyk-Rack, D. et al.: ... und was ist mit mir? Kinder im Blickpunkt bei Trennungs- und Verlusterlebnissen. Bundesverein RAINBOWS. Steirische Verlagsgesellschaft 2005.
Bowlby, J./Salter Ainsworth, M.D.: Frühe Bindung und kindliche Entwicklung. Reinhardt 2005.
Brisch, K. H./Hellbrügge, Th.: Bindung und Trauma. Entwicklung und Schutzfaktoren für die Entwicklung von Kindern. Klett-Cotta 2003.
Busta, Ch.: Was werden wir sein. Aus: Inmitten aller Vergänglichkeit. Otto Müller 1985.
Dietrich, B.: Ich brauche euch doch beide! Scheidung tut weh. Smaragd 2004.
Diez, H.: Werkstattbuch Mediation. Zentrale für Mediation 2004.
Dolto, F./Angelino, I.: Scheidung. Wie ein Kind sie erlebt. Klett-Cotta 2002.
Du Bois, R.: Kinderängste. Erkennen – verstehen – helfen. C. H. Beck 1998.
Ende, M.: Das Traumfresserchen. Carlsen, Hamburg 2005.

Ennulat, G.: Kinder trauern anders. Wie wir sie einfühlsam und richtig begleiten. Herder 2003.

Erikson, E. H.: Kindheit und Gesellschaft. Klett-Cotta 2005.

Fässler-Weibel, P. (Hg.): Wenn Eltern sterben. Topos 2004.

Figdor, H.: Kinder aus geschiedenen Ehen: Zwischen Trauma und Hoffnung.
Psychosozial 2004.

Flittner, A.: Konrad, sprach die Frau Mama ... Über Erziehung und Nicht-
Erziehung. Beltz 2004.

Freud, A.: Das Ich und die Abwehrmechanismen. S. Fischer 1984.

Friedl, J.: Auf in den Kindergarten! Eltern-Leitfaden für eine glückliche Kindergartenzeit. Gondrom 2005.

Furman, B.: Ich schaff's! Spielerisch und praktisch Lösungen mit Kindern
finden. Das 15-Schritte-Programm für Eltern, Erzieher und Therapeuten.
Carl Auer 2005.

Groh, D. / Kempe, M. / Mauelshagen, F.: Naturkatastrophen. Beiträge zu ihrer
Deutung, Wahrnehmung und Darstellung in Text und Bild von der Anti-
ke bis ins 20. Jahrhundert. Narr 2002.

Grossmann, K. / Grossmann, K. E.: Bindungen – das Gefühl psychischer
Sicherheit. Klett-Cotta 2004.

Grün, A.: Verwandle deine Angst. Ein Weg zu mehr Lebendigkeit – spirituelle Impulse. Herder 2006.

Günther, H.: Das Erdbeben von Lissabon und die Erschütterung des aufge-
klärten Europa. S. Fischer 2005.

Gutl, M.: Selbst ratlos sein. In: In den Herzen vieler verankert. Styria 1996.

Haug-Schnabel, H. / Bensel, J.: Grundlagen der Entwicklungspsychologie. Die
ersten 10 Lebensjahre. Herder 2005.

Heckhausen, J. / Heckhausen, H.: Motivation und Handeln. Springer 2005.

Hetherington, E. M. et al.: Scheidung. Die Perspektiven der Kinder. Beltz 2003.

Holmes, J.: John Bowlby und die Bindungstheorie. Reinhardt 2002.

Hösl, G.: Mediation – die erfolgreiche Konfliktlösung. Grundlagen und prak-
tische Anwendung. Kösel 2002.

Huseboe, S.: Liebe und Trauer. Was wir von den Kindern lernen können. Lam-
bertus 2005.

Janosch: Oh, wie schön ist Panama. Beltz, Weinheim 2004.

Jelloun, T. B.: Papa, woher kommt der Hass? Gespräch mit meiner Tochter.
Rowohlt 2005.

Jung, C. G. / Franz, v. M. L. / Henderson, J. L.: Der Mensch und seine Symbole. Walter 1999.

Jung, C. G.: Gesammelte Werke. 20 Bände. Hg von L. Jung-Merker / E. Rüf /
L. Zander. Walter 1971ff.

Kaiser, M.: Der Jahreskreis. Den Rhythmus der Natur als unsere Kraftquelle
nutzen. Kamphausen 2005.

Kast, V.: Vom Sinn der Angst. Wie Ängste sich festsetzen und wie sie sich verwandeln lassen. Herder 1996.

Kasten, H.: 4–6 Jahre. Entwicklungspsychologische Grundlagen. Beltz 2005.

Kierkegaard, S.: Der Begriff der Angst / Die Krankheit zum Tode. Marix 2005.

Kläring, J. / Specht-Tomann, M.: Federgeschichten. Unveröffentlichtes Manuskript.

Korczak, J. / Goldszmith, H.: Wie liebt man ein Kind. Das Kind in der Familie. Gütersloher Verlagshaus 2002.

Kübler, H. D. et al.: Angst wegspielen. Mitspieltheater in der Medienerziehung. Leske + Budrich 1999.

Kübler-Ross, E.: Kind und Tod. Droemer Knaur 2000.

Leist, M.: Kinder begegnen dem Tod. Gütersloher Verlagshaus 2004.

Mahler, M. S. / Pins, F. / Bergman, A.: Die psychische Geburt des Menschen. Symbiose und Individuation. S. Fischer 1999.

Miller, A.: Das Drama des begabten Kindes. Suhrkamp 2004.

Miller, A.: Wege des Lebens. Sieben Geschichten. Suhrkamp 1998.

Neuß, N.: Phantasiegefährten – warum Kinder unsichtbare Freunde erfinden. Beltz 2001.

Niederle, M.: Schulangst. Herder 2002.

Nitsch, C. / Schelling, C. v.: Schule ohne Bauchweh. Goldmann 2001.

Oberthür, R. / Mayer, A.: Kinder und die großen Fragen. Ein Praxisbuch für den Religionsunterricht. Kösel 1995.

Oberthür, R.: Die Seele ist eine Sonne. Was Kinder über die Welt und Gott wissen. Kösel 2000.

Oerter, R. / Montada, L.: Entwicklungspsychologie. Beltz 2002.

Oerter, R.: Psychologie des Spiels. Beltz 1999.

Olweus, D.: Gewalt in der Schule. Was Lehrer und Eltern wissen sollten – und tun können. Huber 2002.

Petermann, U.: Entspannungstechniken für Kinder und Jugendliche. Beltz 2005.

Piaget, J.: Das Erwachen der Intelligenz beim Kinde. Klett-Cotta 2002.

Piquemal, M. / Lagautriere, Ph.: Philo Fabelhaft – 63 Fabeln aus aller Welt und ihre philosophische Bedeutung. Moses 2004.

Portmann, R.: Die 50 besten Spiele fürs Selbstbewusstsein. Don Bosco 2005.

Prekop, J. / Hellinger, B.: Wenn ihr wüsstet, wie ich euch liebe. Droemer Knaur 2005.

Prekop, J.: Schlaf, Kindlein, verflixt noch mal! Kösel 2004.

Prekop., J. / Schweizer, Ch.: Kinder sind Gäste, die nach dem Weg fragen. Kösel 2006.

Reddemann, L.: Eine Reise von 1000 Meilen beginnt mit dem ersten Schritt. Seelische Kräfte entwickeln und fördern. Herder 2004.

Riemann, F.: Grundformen der Angst. Eine tiefenpsychologische Studie. Reinhardt 2003.

Rilke, R. M.: Die Nacht wächst wie eine schwarze Stadt. In: Die frühen Gedichte. Gesammelte Werke in fünf Bänden. Insel 2003.

Rilke, R. M.: Schlussstück. In: Werke in drei Bänden. Bd. 1, Gedicht-Zyklen. Insel 1966,

Rogge, J. U.: Kinder haben Ängste. Von starken Gefühlen und schwachen Momenten. Rowohlt 1997.

Rohde, U.: Mein Kind kommt in den Kindergarten. Beltz 2002.

Rosenberg, M. B.: Gewaltfreie Kommunikation. Junfermann 2004.

Rossmann, P.: Einführung in die Entwicklungspsychologie des Kindes- und Jugendalters. Huber 1996.

Rothschild, B.: Der Körper erinnert sich. Die Psychophysiologie des Traumas und der Traumabehandlung. Synthesis 2002.

Rotthaus, W.: Wozu erziehen? Entwurf einer systemischen Erziehung. Carl Auer 2004.

Rübel, D.: Zu Besuch beim Kinderarzt. Ravensburger Buchverlag 1999.

Ryssel, I. / Steinwede, D.: Angst und Geborgenheit spielen und erzählen. Themenheft 7. Gütersloher Verlagshaus 2000.

Sauer, J. et al.: Global Games. 70 Spiele und Übungen für interkulturelle Begegnungen. Herder 2004.

Schenk-Danzinger, L.: Entwicklung, Sozialisation, Erziehung. Bd. 1. Von der Geburt bis zur Schulfähigkeit. Klett-Cotta 1990.

Schenk-Danzinger, L.: Entwicklungspsychologie. Pädagogischer Verlag Wien 2002.

Schneider, H.: Anstöße. Thematische Anregungen und methodische Hilfen von Angst bis Zeit. Klens 1996.

Schneider, S.: Angststörungen bei Kindern und Jugendlichen. Springer 2004.

Schwikart, G.: Der Tod ist ein Teil des Lebens. Patmos 2003.

Sendak, M.: Wo die wilden Kerle wohnen. Diogenes 1992.

Solter, A. J.: Auch kleine Kinder haben großen Kummer. Über Tränen, Wut und andere starke Gefühle. Kösel 2000.

Sörensen, M.: Einführung in die Angstpsychologie. Deutscher Studienverlag 2002.

Specht-Tomann, M.: Erzähl mir dein Leben. Zuhören und Reden in Beratung und Begleitung. Walter 2003.

Specht-Tomann, M.; Tropper, D.: Wir nehmen jetzt Abschied. Kinder und Jugendliche begegnen Sterben und Tod. Patmos Verlag 2004.

Specht-Tomann, M. / Tropper, D.: Zeit zu trauern. Kinder und Erwachsene verstehen und begleiten. Patmos 2001.

Stein, M.: C. G. Jungs Landkarte der Seele. Eine Einführung. Patmos 2006.

Stone, B. / Steadman, R.: Was macht die Maus im Krankenhaus? Hoch 1990.

Stutz, P.: Heilende Momente. Gebärden, Rituale, Gebete. Kösel 2000.

Völkening, M.: Meine stärksten kooperativen Spiele. Zusammenarbeitsspiele für jede und jeden. Rex 2004.

Zauberzweig, P. B. v. et al.: Was tun wir für unsere Kinder? Pro Juventute 2003.

Zitat- und Bildnachweise

57 Ingeborg Bachmann: Werke. Bd. 1: Gedichte. © 1978 Piper Verlag GmbH, München.

68 Was werden wir sein, aus: Christine Busta. Inmitten aller Vergänglichkeit. © Otto Müller Verlag, Salzburg, 2. Auflage, 1998.

164/165 Martin Gutl: Christ sein. Aus: In vielen Herzen verankert. Styria Verlag, Graz 2004.

Fotos auf den Seiten 39, 64, 69, 119, 159, 166, 175: Monika Specht-Tomann, Graz

Foto auf Seite 170: Gishlain Agbangla, Straßburg

Abbildungen auf den Seiten 18, 41–44, 103, 152/153: Kinderzeichnungen

Zeichnung auf S. 113: Julia Kläring, Wien